O NOVO MARKETING DIGITAL

Técnicas e Truques Profissionais

RD FRANZ

Piratini
AZ7 EDITORA
2020

Trabalho de Pesquisa e Redação: RD Franz
Edição e Editoração: AZ7 Editora
Revisão Ortográfica: Karina Lopes Rodrigues
Capa e Finalização: RD Franz & AZ7 Editora

2ª Edição - 2020

*Dedicado à todos os
publicitários do Brasil.*

Escrito por RD Franz - Marketing Digital

CAPÍTULO I
MARKETING

O QUE NÃO TE CONTARAM SOBRE MARKETING

O marketing não pode ser definido, apenas e só, como a capacidade de realizar desejos e necessidades de consumidores, como quer fazer crer o dicionário. A minha definição de marketing é tocar os SENTIDOS das pessoas. É como a poesia, uma pintura de Van Gogh ou uma música que te desperta sentimentos.

O sucesso do marketing está ai, e nem falo da questão de talento, mas de conhecer as técnicas, os métodos, os modelos e as práticas mais eficientes para então, esculpir uma verdadeira obra de arte, gerando um turbilhão de sentimentos em alguém.

E posso garantir a você, que uma boa ação de marketing torna qualquer produto fantástico, gera valor ao mesmo e cria um sentimento de consumo imediato.

O Marketing não é ético. Não tem pudor. Ele é uma fábrica meias verdades, a contento das grandes corporações. E você relés mortal, que não pode pagar fortunas, fica à mercê, de suas próprias ações, na maioria das vezes, ineficazes, com intervenções de marketing fracas, e para tanto, inertes aos sentimentos humanos.

O que você vai ver neste livro, vai chocar, vai desmistificar, vai abalar, vai entorpecer, vai desmoronar tudo o que você sabia sobre Marketing. E eu falo tudo mesmo.

Além das técnicas que mostrarei aqui, vou te mostrar porque, as grandes empresas de marketing tem vantagem sobre você, e como você pode bater de frente e até vencê-las. Eu vou te contar os segredos da grande indústria de marketing, e mesmo que você não tenha nenhum talento, mesmo que você ache que não tem o dom, tenho certeza, que você vai fazer com que seus concorrentes, pareçam até amadores.

Mas antes deles, vamos entender um pouco de história, e como as ações de marketing, mudaram o rumo da mesma.

A introdução do marketing no Brasil ocorre em 1954, através da FGV (Fundação Getúlio Vargas), mas bem antes disso em 476 d.C, a venda de indulgências aos pecadores começava, e começava também uma das maiores ações de marketing da história da Humanidade. O conceito não existia, mas a ação foi tão bem executada que até hoje é o molde exato da publicidade no século XXI.

A ação da Igreja Católica fez crer, que existia um inferno e todos nós éramos pecadores, e só por meio de indultos, comprados com terras, bens e até serviços o cidadão teria a salvação, e a vida na Terra de nada valia.

A igreja vendia - vende até os dias de hoje - itens sagrados. Fazendo crer que, esse inúteis itens (produto que não tem valor utilizável) adquirissem valor. Que incrível!!! Esta ação de marketing já tem dois séculos, e ainda funciona. Mas por que funciona? Porque eles não vendem um pedaço da cruz, ou um pedaço do manto sagrado, ou um óleo de Israel, eles vendem algo que as pessoas querem, prazer. Nada mais, nada menos. Eles vendem a Salvação. Eu não sei se você é cristão ou não, não estou falando em si, de religião aqui, nem tão pouco criticando seu credo, estou falando de uma ação de marketing. Esta mesma ação é reproduzida em todas as vertentes, não só a religiosa.

O Ciclo é simples: PROBLEMA -> VALOR -> SOLUÇÃO

Hoje você ouve de qualquer marqueteiro por ai, conheça bem sua persona. Eles tem razão. E este é o primeiro grande segredo.

Conhecer bem sua Persona[1]

O segredo é conhecer de verdade o público-alvo, não só a demografia, localização e o básico. Não! Você tem que conhecer os problemas, os desafios, os medos, sua idade,

9

suas ações cotidianas, seus desejos, seus desafetos, sua personalidade, sua forma de agir e se posicionar, você tem que conhecer a fundo a persona. E nada melhor, que começarmos este livro, com um grande personagem. Carlos!

Nosso herói, é Carlos, tem 28 anos e é proprietário de um restaurante, em uma cidade com 15 mil habitantes, tem bons concorrentes, seu restaurante não é na zona central, porém tem bom fluxo de clientes.

A partir dessas informações, você tem que montar o perfil dessa persona. Conhecer ela melhor que ela mesmo.

Quais as dificuldades? Quais os medos? Quais hobbies? Quais vantagens ele quer? Qual o desejo dele? Se você estiver apto a responder essas questões, você está no caminho certo. É aqui onde tudo começa.

Mas por que tenho que saber, por exemplo, o hobby do cara? Digamos que Carlos tem um prazer na vida, ir cavalgar no hipódromo da cidade, uma ação de marketing nesse local, colocaria você em evidencia, e se você conhecesse todo o percurso de caminhada do Carlos?

Um estudo científico, sobre o poder da sugestão é descrito no Livro de Joseph Murphy - "O Poder do Subconsciente" - e neste livro, o autor relata que, se uma pessoa ver 7 vezes você, ela te torna um rosto familiar. A técnica é fazer com que Carlos, veja seu branding[1] sempre que passar por determinado setor. Essa técnica é tão eficaz, que nos filmes, mesmo que você não perceba, você está tendo contato com marcas. Embora sua atenção consciente esteja nas ações do filme, seu subconsciente capta a mensagem. E Carlos ao passar por uma praça, e ver sua marca, é um bom contato, mesmo que ele não perceba ou foque nela, ela ainda está lá.

Por isso, conhecer os gostos da sua persona é tão importante, porque se você associar sua marca à algo que sua persona deseja, subconscientemente, ela também a desejará. E talvez, em algum momento, de tanto passar pelo local, e fazer essa associação, ele não criará tanta objeção aos seus produtos, clientes, serviços e outras tantas coisas que você deseja que Carlos, sua persona, execute uma ação seja em seu site ou sua loja, ou loja do seu cliente.

Vale lembrar que, conhecer a persona é FUNDAMENTAL no planejamento. E é a peça mais importante no quebra cabeça. Sem ela, qualquer ação de marketing pode ser invasiva, e portanto, ineficaz.

Só sobre este assunto, eu teria muita coisa pra falar, mas como a abordagem aqui é diferente, vamos RECAPITULAR este conceito.

Recapitulando este conceito:

1. As ações de marketing eficazes, conhecem o PROBLEMA, CRIAM VALOR e VENDEM A SOLUÇÃO.
2. CONHECER a PERSONA é fundamental para ações de marketing serem executadas de forma eficaz.

CARLOS, E OS TIPOS DE MARKETING

Durante nossa jornada na leitura, vamos acompanhar de perto, a vida de Carlos, o objetivo aqui é revisitar sua vida e entender de forma prática como o Marketing funciona. E eu você será o mentor de Carlos nessa jornada, eu estarei aqui apenas para apresentar os dados técnicos, eu sou a sua ajuda divina, e você tem que ajudar ele a crescer o negócio, usando o marketing para isso. Se Carlos quebrar, a culpa é nossa. Principalmente minha, que falhei em te ensinar sobre marketing.

Carlos, nasceu em Tubarão, Santa Catarina, e lá possui um restaurante, ainda na sua residência, num "puxadinho" que fez, com a ajuda da família. Tem 28 anos, 2 filhos e sua esposa Marcia, é sua sócia na vida e nos negócios. Ele tem um Fiat Uno comprado de segunda mão, e mal ganha dinheiro para pagar os custos e sustentar sua família.

Mas queremos descobrir o sonho Carlos, se ele os tiver a sua agência ajudará a realiza-lo, senão, fazê-lo sonhar alto, para que compre sua solução de marketing para restaurantes.

Ele é a sua persona. Mas as ações de e-mail-marketing, publicidade no Facebook, visitas de vendedor não surtiram efeito. O que está faltando? Uma boa headline? Aumentar o investimento da publicidade? Meu produto não serve pra ele? Ele não quer ganhar mais dinheiro? Ou ele não tem dinheiro para a solução agora?

Nenhuma dessas perguntas, tem absolutamente nada a ver com nossa próxima etapa. Que é persuadir Carlos, a comprar nossa solução.

Por que essas perguntas não fazem diferença? Porque não estamos errando nelas. Elas são apenas uma engrenagem no processo. Uma das peças apenas.

Se quiser melhorar o marketing, procure saber primeiro, qual o sonho de Carlos. O que ele almeja, e quanto que vale a realização do sonho dele?

Eu sei o sonho de Carlos, afinal é um personagem fictício, e posso colocar o sonho que bem entender.

13

O sonho de Carlos é:

Carlos quer mudar seu restaurante para o centro da cidade e obter um fluxo maior de visitantes.

Olha que máximo, Carlos quer sair da sua zona de conforto e alugar um prédio no centro, para aumentar sua clientela. Quais ações de marketing você usaria nessa situação?

Antes de escolher o melhor tipo de marketing para essa situação, eu vou te mostrar todos. Isso mesmo, todos os tipos de marketing usados atualmente.

OS TIPOS DE MARKETING

O marketing tem diversas ramificações, e todas são eficazes. Você só precisa saber como usar, e ajudar Carlos a realizar o sonho dele.

Marketing Digital - É o conceito de ações estratégicas realizadas de forma online.

Marketing Tradicional - É o conceito de ações estratégicas realizadas de forma off-line.

Há que se deixar claro aqui, que embora o Marketing Digital esteja se destacando porque as pessoas hoje consomem muito conteúdo na internet, a fusão dos dois é um dos fundamentos, e essa divisão não será validada daqui a algum tempo.

Outbound Marketing - É ação da empresa que leva até seu consumidor, é uma abordagem ativa, ou seja o consumidor vai até o cliente, seja através de vendedor, de ligação ou panfleto entregue na loja.

Inbound Marketing - É o contraponto do Outbound, nesse caso é a atração do cliente através de conteúdos relevantes, e atraí-los para dentro do seu negócio.

Marketing de Conteúdo - É a entrega de conteúdo atrativo e extremamente relevante para a persona começar um relacionamento com sua empresa. E com o crescimento do marketing digital e do inbound marketing, essa estratégia tem ganhado muita força. Sendo até uma das mais utilizadas.

Marketing de Performance - Essa vertente do marketing baseia-se em números. O planejamento de uma campanha de performance, tem por objetivo exibir números, dados e gráficos para que a persona tome uma decisão. O objetivo é ajudar a otimizar investimentos e gerar bons resultados.

E-mail Marketing - É uma ferramenta essencial no marketing digital, e tem a função de fazer o herói percorrer sua jornada até a compra.

Social Media Marketing - É a estratégia usadas nas redes sociais, para gerar autoridade, e ensinar a persona o caminho até a venda. É um ambiente de relacionamento, portanto de pessoa para pessoa. Interatividade com sua marca.

Marketing de Buscas - É outra ferramenta do marketing digital, essa estratégia baseia-se na busca da sua persona nos buscadores para encontrar o seu produto ou serviço, em resposta a uma busca aleatoria.

SMS Marketing - É outra estratégia de envio de mensagens, conteúdo, promoções via mensagem de texto, com o advenho do Whatsapp, tem se tornado bastante popular a criação de listas.

Vídeo Marketing - Talvez essa seja a cereja do bolo, pois é uma das mais fortes ferramentas que pode ser usada em qualquer rede social e até nas emissoras de TVs.

Geomarketing - Mais uma estratégia bem focada em quem conhece bem sua persona. Baseia-se no localização do usuário, seus trajetos e rotinas durante o dia.

Remarketing - Estratégia usada com muita frequência no Marketing Digital, após o abandono de carrinho em e-commerces, ou uma página específica.

Co-marketing - Duas empresas criam estratégias para vender, divulgar ou gerar autoridade para ambas, com uma persona em comum.

Marketing Direto - Já consagrado essa estratégia consiste, e utilizar televendas, porta a porta, e-mail marketing, sms marketing são englobadas nessa estratégia.

Marketing Indireto - Disfarçada dentro do conteúdo, essa estratégia tem ganhando muita força, pois é apresentar um produto ou serviço, sem que pareça uma publicidade, em forma de conteúdo ou dentro dele.

Marketing Reativo - Esse tipo marketing reage conforme a demanda da persona, utilizado para produtos de cunho sazonais.

Marketing Proativo - Essa vertente cria ou gera uma demanda, antecipando-se ao mercado atual.

Marketing Multinivel - Consiste em criar uma rede de revendedores, que incentivam a entrada de mais vendedores para o negócio.

Marketing de Afiliados - Bom, essa é a forma que usaremos para vender este livro, e consiste em dar participação nas vendas para qualquer pessoa que tenha interesse em revender o seu produto.

Marketing de Recomendação - O objetivo é usar os clientes fiéis para fazer o famoso boca-a-boca, essa estratégia se alia a todas as anteriores.

Marketing de Defensores - A abordagem dessa estratégia é usar os clientes fiéis para defender sua marca, frente as críticas de outrem.

Marketing Promocional - Essa estratégia baseia-se na criação de promoções, descontos e distribuição de brindes e bônus.

Endomarketing - A ferramenta usada para gerar um conceito positivo dentro da própria empresa.

Marketing B2C - É o ramo do marketing voltado a publicidade para o consumidor pessoa física.

Marketing B2B - É o ramo do marketing voltado ao consumidor pessoa jurídica.

Marketing Social - Ao invés de focar em produtos ou serviços, foca em promover atitudes, ideias e comportamentos.

Marketing de Causa - Há uma diferença entre Marketing Social e de Causa, enquanto na Social é promover uma mudança de comportamento, na Causa é apoiar um projeto, ou uma instituição e com isso promover a marca.

Marketing Reverso - O que acontece, é utilizar a ideia costumeira. Por exemplo, um marketing tradicionalmente, diz que você precisa de tal produto, no reverso te faz refletir se você realmente precisa dele.

Marketing de Produtos - É o tipo de marketing voltado a gerar uma demanda a um novo produto. Esse tipo de marketing é fundamental quando se está prestes a lançar um novo produto no mercado.

Marketing de Serviços - Neste ramo, diferente do produto, não serve para lançamentos de novos serviços, mas sim para deixar claro, como funcionam os seus serviços, as políticas, as regras e até o atendimento ao público. Vale lembrar, que tudo o que o seu público se relacionar tem que ter o viés de DAR UMA BOA IMAGEM A MARCA.

Marketing de Segmento - Substituiu o Marketing de massa, escolhendo com mais clareza, os desejos, as dificuldades e soluções para os consumidores.

Marketing de Nicho - É uma estratégia volta para atingir um público menor de pessoas, do que a estratégia de segmentação, porém muito mais eficiente e econômica, pois geralmente a marca tem um certo relacionamento com o seu nicho.

Marketing One-to-One - Este é o top dos tops, conhecer a persona tão bem, e desenhar uma estratégia para ela, exclusivamente. Não mais buscando um nicho ou segmentação, mas alguém.

Marketing Pessoal - São estratégias para criar uma boa imagem de alguém e manter ou melhor a imagem, usado muito por políticos e pessoas conhecidas, mas é também utilizada para colocar um nome em evidencia.

Marketing de Guerrilha - Essa estratégia consiste em causar alto impacto, se bem planejada, o custo pode ficar bem baixo, exige muita criatividade.

Marketing de Emboscada - Como o próprio nome diz, é ficar à espreita, e se posicionar no momento certo. Nada melhor para demonstrar o que é esse tipo de marketing, do que o exemplo da Bavária em 2010, durante a Copa do

Mundo na África, por não ser a patrocinadora oficial, contratou modelo loiras para ficarem na torcida. Quando em grandes eventos, há patrocinadores oficiais, marcas que não fazem parte do evento, utilizam dessa tática para estarem presentes, porque há um grande interesse público.

Marketing Viral - O pop star do marketing, atinge grande público fortalecendo o branding da empresa. É preciso saber usá-lo, caso contrário, é um belo tiro no pé.

Marketing de Permissão - É diferente outbound marketing, não é invasivo e conta com a permissão da persona, para por exemplo, realizar uma chamada te telefone ou agendar uma visita.

Marketing de Influência - É o ramo do marketing que explora a parceria entre marcas e influenciadores, os ídolos estão em todos os canais, seja na tevê ou na internet.

Marketing de Experiência - Este tipo de marketing está na capacidade a marca em gerar boas experiências quando o consumidor está em contato com a mesma.

Marketing de Luxo - Este é ramo da exclusividade, marketing para pessoas de alto padrão vida. E a valorização do produto está em possui-lo ou em poder compra-lo.

Marketing Político - Conhecido por todos nós, nesse vou dar-lhe apenas um exemplo. Político sai as ruas, beijando, abraçando e cumprimentado, distribuindo seus santinhos e antigamente, até brindes. Mas é uma boa vertente, pois os desafios das novas leis, obrigam os políticos a atitudes mais honestas - nem sempre - que são avaliadas pelas massas em campanhas cada dia mais caras, muitas vezes para melhorar a imagem do político. E casou bem o Marketing Digital com o Marketing Político, elegemos um presidente que focou nas redes sociais para divulgar sua campanha. Venceu!

Ecomarketing - Este tipo está aliado ao marketing de causa, pois é a divulgação da sua marca dentro do escopo da sustentabilidade, termo tão atual nos dias de hoje.

Marketing Local - Esse tipo de estratégia é a atração de pessoas para dentro do seu negócio físico. Comuns em placas na rua, demonstrando a rota para chegar até você.

Game Marketing - Essa estratégia consiste na criação de um jogo ou gamificação na utilização dos seus produtos ou serviços, dando premiações e bônus para consumidores. Também é possível a criação de um jogo para exibir sua marca, ou colocar sua marca em um jogo já existente.

E agora? Consegue definir qual tipo de marketing vai utilizar para convencer Carlos a contratar o seus serviços?

Escrito por RD Franz - Marketing Digital

CAPÍTULO II
PLANEJAMENTO DE CAMPANHAS

PLANEJAMENTO DE CAMPANHA

Uma viagem que fiz a alguns anos, quando já me sentia preparado pra alçar voos mais altos, me fez perceber o quanto eu estava errado. Nasci e me criei no Rio Grande do Sul, portanto não havia saído daqui, e decidi que iria morar no Rio de Janeiro. Olha que idiota, sai sem dinheiro, com uma mala apenas e fui parar no coração do Rio.

Sem planejamento, sem estudar se havia condições financeiras, se o mercado estava bom. Pobre Rodrigo, não conhecia nada, e apenas um contato lá, me emprestou a casa para então começarmos a planejar tudo. E deu tudo errado.

A falta de planejamento me fez perder dinheiro, tempo e até clientes.

Minha empresa que já era pequena, ficou mais pequena ainda.

O que eu quero dizer com isso?

Quero dizer que sem planejar, as coisas dão errado, não é sorte, é lógica.

Quando estamos criando uma campanha de estratégia de marketing, temos que avaliar tudo. O produto, a empresa, o tipo de cliente e etc...

Você, para atraímos o Carlos usou três estratégias, a de Marketing Social, Marketing Promocional e Co-marketing, a parceria entre você, uma imobiliária e uma empresa de desenvolvimento de aplicativos, buscando conscientizar a persona de que num lugar com grande fluxo de público, o atendimento ágil na preparação dos pratos, com o melhor sabor da cidade seria de suma importância para o negócio de Carlos crescer, e agora que mudou visão dele, ele tem buscado por outras soluções. E claro, ele já encontrou uma empresa para desenhar a sua nova marca, fazer publicidade e mostrar pra toda a cidade que ele cresceu, melhorou e está em novo endereço. Sua agência.

Mas agora ele quer que seus antigos clientes saiam do seu bairro e consumam na loja, ele também quer que diversos públicos consumam seus produtos. Qual estratégia usaremos para encontrar, para Carlos essas pessoas? Quem são as personas de Carlos?

Agora não só teremos que planejar nosso marketing, mas também o do nosso herói. Pois somos uma boa empresa de marketing, e o sucesso dele representará o nosso sucesso.

Temos uma infinidade de meios para divulgar o negócio, e todos são ótimos, mas como bons no que fazemos, temos que planejar a estratégia, já que o budget[1] do Carlos é limitado. Não há dinheiro suficiente para atacar o Marketing Digital como todo, nem tão pouco para usar ambos o Tradicional e o Digital juntos. Como faremos?

Temos que planejar bem, e focar no objetivo dele. Esse objetivo deve ser tangenciável, com poucos recursos, com criatividade e claro, com nossa expertise.

PASSO 1 - Pesquisa (Meu Deus Rodrigo!! Mais pesquisa?)

O passo primordial é sair as ruas e pesquisar. Toda o bom planejamento começa com uma boa pesquisa. Informe-se sobre:

- Localização - O que há perto do restaurante? Escolas? Parques? Hospitais?
- Concorrentes - Quem são, quais são os feedbacks? Quais estratégias usam? Quem é seu público?
- Brechas - Identifique brechas, falhas e erros na atuação.
- Canais - Quais canais usar? Quais os canais que o público-alvo mais usa? Qual o tráfego?

PASSO 2 - Planos de Ação

Neste passo é trabalhar no plano de ação. E como ele será executado, ninguém vai a lua, se não planejar até as roupas dos astronautas - e como fazem para fazer o número dois lá - não é verdade?

Montar o plano de ação, com base na pesquisa feita.

Como, quais canais e veículos usaremos para executar o plano de marketing, o que e como será divulgado, pra quem será divulgado, qual mídia usar, impressa ou online. Tem pôr no papel, um passo a passo de execução do plano. E segui-lo à risca, sem inventar a roda.

PASSO 3 - O Cronograma

Aqui é feito o cronograma do seu projeto de marketing, nele você deve estabelecer períodos e prazos para execução. Use uma planilha para que você reconheça visualmente em que etapa se encontra o seu projeto de marketing para o restaurante.

É importante que você esteja com metas bem definidas e claras, e com as etapas do seu projeto em dia. O cronograma lhe dará essa clareza, e se preciso for, até redefinir estratégias, processos e métodos de aplicação do marketing.

PASSO 4 - Monitoramento

Tão importante quanto o cronograma, é através deste que você terá todas as informações relevantes ao progresso de sua campanha de marketing. Nenhuma campanha de marketing sobrevive de forma eficiente e tendo retorno, sem um bom acompanhamento do que está acontecendo. Ela será o seu norte nessa caminhada, levar o produto do Carlos ao maior número de pessoas interessadas por ele.

Carlos terá da sua agência um feedback completo, tangível e claro de que anda acontecendo com curto dinheiro dele.

Nesse ponto, Carlos está tendo o retorno esperado, ficará feliz em ser o seu cliente fiel, e será ele que defenderá seu negócio quando teu marketing for de defensores, e será o de indicação quando teu marketing exigir que ele de recomendação.

Quando você demonstra resultados, e as pessoas conseguem mensurar, você ainda faz o marketing de performance, vê como tudo está ligado à uma boa estratégia? E ao planejamento para que tudo saia como o combinado?

Vou listar agora os cinco erros mais comuns, e que 99,7% peca em pelo menos 1 deles.

Ignorar a Persona - Erro extremamente grave. Não conhecer o segmento, nicho ou persona é colocar todo o dinheiro do cliente fora, e portando fracasso na aquisição de clientes.

Achar que qualquer pessoa pode comprar o seu produto, ou que há o interesse de todos é um erro bem comum. Não levar em conta o interesse do público certo, é desperdiçar dinheiro.

Apostar tudo num caminho só. No marketing isso não existe. Quanto mais puder atacar, melhor. Se decidir por usar o Marketing Digital, terá necessariamente que escolher redes sociais, e como fará isso? Vai apostar só numa por exemplo, Facebook? O melhor mesmo é colocar em todas, com linguagem diferente, porque cada rede social tem um público.

Logo, o mesmo vale para Google Ads, cada canal tem seu público, e cada público fala em uma linguagem diferente.

Não ser criterioso na publicação - seja orgânica, ou publicidade paga.

É necessário que você seja religiosamente regular e organizado nas suas publicações. De nada adianta amontoar seus visitantes com informações perdidas, misturadas ou até mesmo desconexas. Seja honesto, nem você consegue ler ou entender.

Também não misture assuntos diferentes numa mesma publicação, isso não é atraente. Ao contrário, mostra um amadorismo gritante.

Não mensurar os resultados. Muito Grave isso. Deixar de analisar cada um dos resultado, e perder os feedbacks que ele te dá, é dar um tiro no próprio pé. Você tem que saber o ROI, CAC da Campanha, é através deles que você poderá trilhar o caminho para melhorias, mudanças de táticas, e aplicar os melhores métodos para aumentar ou diminuir investimentos, conter custos e deixar ainda assim, Carlos satisfeito com seu trabalho!

Você tem que saber a taxa de rejeição e conversão, e aplicar se preciso, novas estratégias a campanha. Se você não gosta ou não quer fazer isso, os resultados de sua campanha serão pífios, sem expressão e não serão eficientes. Se Carlos perder dinheiro, você também perde dinheiro.

Não estabelecer metas em função do mercado - Meta é um alvo a ser seguido, e trabalhar a fim de que o objetivo seja alcançado dentro do prazo. Estabelecer essas metas, é dar um norte aos seus colaboradores, à você e ao Carlos.

Carlos também precisa estar preparado, já imaginou ele esperar 100 pessoas no restaurante, e chegar 1000? Você estando preparado e ciente das metas, vai antecipar decisões e não vai comprometer o negócio do seu cliente, só pelo fato de você não ter estipulado 1 meta de marketing.

Com base nas informações acima, você será capaz de executar um bom plano de ação para marketing, tanto tradicional quanto para o marketing digital.

Escrito por RD Franz - Marketing Digital

CAPÍTULO III
REDES SOCIAIS

AS REDES SOCIAIS COMO FERRAMENTA DE VENDAS

Agora o seu cliente Carlos quer um maior engajamento nas redes sociais, ele quer que seus prospectos tenham um contato social com sua marca. E vai contratar uma equipe para dar gestão no Facebook e outras redes sociais.

Mas como ele é seu cliente fiel, com certeza vai olhar pra você primeiro, e vai te perguntar se você pode ajudá-lo nessa etapa.

E você terá que decidir se vai arcar com mais tempo para esse cliente, ou sugerir uma empresa parceira para a função.

Segundo a UOLHOST, empresas de curadoria de redes sociais, e atendimento cobram em média R$ 8.000,00, possuem equipe experiente e fazem um estudo de público, para usar a linguagem adequada com ele.

Então você decidiu que vai atender Carlos e seu restaurante e prestar esse serviço para ele, então vamos ajudar juntos. E conhecer as fases dessa área do marketing. E o quanto ela é importante para você, e para ele.

O FACEBOOK

Criado em 2004, é uma das empresas de internet que mais tem valor no mercado atualmente, e cresce cada dia mais, principalmente depois da compra do Instagram e do Whatsapp, e se atualiza entendendo o público que o usa. É bem verdade, quando dizem, que o Facebook lhe conhece melhor que você, portanto é uma ferramenta fantástica de venda. Se o seu negócio ainda não explora essa ferramenta, está perdendo clientes para o seu concorrente, porque com certeza ele o usa.

Sendo assim, há dados disponíveis sobre os horários ideais para postar no Facebook.

Como as pessoas tendem a estar mais felizes às sextas. Publique conteúdo mais divertido nestes dias.

Pense nisso como uma recomendação geral e use essa informação para descobrir os horários ideais publicar sobre o restaurante nos horários corretos, e engajar melhor o público-alvo do Carlos.

Poste seu conteúdo visual mais interessante

O novo design da página da linha do tempo do Facebook coloca mais ênfase no conteúdo visual como imagens e vídeos. Afinal de contas, os posts do Facebook com imagens têm 2,3 vezes mais envolvimento do que posts sem imagens. Um estudo descobriu que os posts do Facebook com fotos tiveram mais envolvimento do que qualquer outro tipo de post, representando um incrível percentual de 87% do total de interações.

Por isso, postar conteúdo visual interessante é uma das coisas mais importantes que você pode fazer para aprimorar a sua estratégia do Facebook. Use isso a seu favor ao postar seu melhor conteúdo visual na página do Facebook ou empenhar-se para adicionar elementos visuais ao conteúdo que você já tem.

Seja visualmente interessante

Uma estratégia de mídias sociais bem-sucedida geralmente incluirá fotos, vídeos e capturas de tela de infográficos e outros gráficos. Além de ser divertido de ver, é importante que seu conteúdo visual seja interessante e relevante para seu público.

Outro motivo para aumentar o conteúdo visual dos posts? Ele ajudará a preencher automaticamente as abas "Fotos" e "Vídeos", que são automaticamente adicionadas a todas as páginas do Facebook. O conteúdo visual atrai cliques, por isso é uma recomendação extremamente.

Suas imagens estão formatadas corretamente?

Não poste imagens só por postar. Para dar aos usuários a melhor experiência possível, você precisará otimizar suas imagens para o Facebook de modo que elas tenham os tamanhos e as dimensões certas.

Veja abaixo alguns dos tamanhos de imagem mais comuns do Facebook:

- **Foto da capa:** 851 pixels de largura por 315 pixels de altura
- **Imagem do perfil:** 180 pixels de largura por 180 pixels de altura
- **Imagem destacada:** 1200 pixels de largura por 717 pixels de altura
- **Imagem compartilhada:** 1200 pixels de largura por 630 pixels de altura
- **Imagem miniatura de link compartilhado:** 1200 pixels de largura por 627 pixels de altura

Você posta vídeos?

O pessoal no Facebook sabe que as pessoas gostam de assistir vídeos no Facebook. O número de pessoas que assistem conteúdo de vídeo está aumentando rapidamente: **entre março de 2018 e setembro de 2018, a quantidade de exibições diárias de vídeo no Facebook triplicou, em relação ao mesmo período do ano anterior.**

O Facebook está continuamente ajustando como o algoritmo mede o interesse das pessoas em conteúdo de vídeo, mas a principal recomendação é criar vídeos visualmente envolventes, especialmente nos primeiros segundos.

Por quê? Embora todos os vídeos no Facebook sejam reproduzidos automaticamente nos feeds de notícias das pessoas, eles ficam sem som até que o usuário manualmente ligue o volume. Quanto mais visualmente interessante for seu vídeo, mais você motivará as pessoas a continuarem assistindo. Fazer as pessoas passarem mais tempo assistindo seu vídeo ajudará a classificá-lo melhor no feed de notícias porque, para o Facebook, os sinais do envolvimento do usuário com um vídeo incluem tempo gasto assistindo o vídeo, aumento do áudio, mudança para o modo de tela cheia ou ajuste para alta definição.

Como parte do esforço para promover conteúdo de vídeo em seu feed de notícias, o Facebook lançou o Facebook Live, um serviço de transmissão de vídeo ao vivo que permite que qualquer um transmita vídeos ao vivo de seus dispositivos móveis direto para o feed de notícias. Use o

Facebook Live a seu favor, porque o Facebook classifica vídeos do Live melhor do que outros vídeos e outros tipos de posts.

Use o Facebook Insights.

O Facebook Insights é a ferramenta de análise interna do Facebook ideal que ajuda a medir e analisar sua presença no Facebook. A ferramenta oferece dados de análise sobre visitas de página e envolvimento aos administradores de página do Facebook, que pode ajudar a compreender qual conteúdo está envolvendo ou não seus fãs.

Acesse os Insights da sua página em fb.com/insights.

Agende posts com antecedência.

Vasculhar o Facebook em busca de conteúdo não é um fenômeno novo. Temos encontros. Estamos atrasados. Problemas surgem. Primeiro, baixe um modelo gratuito de calendário de conteúdo de mídias sociais para ajudar a planejar seus posts com antecedência.

Você pode preenchê-lo no mesmo dia e horário toda semana para se preparar para o conteúdo de mídias sociais da próxima semana. Em seguida, pode usar o aplicativo de terceiros para o Facebook para agendar seus posts.

No entanto, da mesma forma que aconselhamos a não usar automação demais no Facebook com postagens automáticas do seu site, o mesmo se aplica para agendamentos. Não entre na armadilha de transformar sua página em um robô, não seja tenha uma página robô, o índice de qualidade dela caí, e seus fãs com certeza percebem que você não dá a mínima para ela, e portanto param de curtir ou comentar.

Inscreva-se no Blog oficial do Facebook para receber os comunicados futuros do Facebook

Dê a si mesmo uma vantagem competitiva com as informações mais recentes do Facebook, por exemplo, novos recursos e ferramentas, inscrevendo-se no Blog oficial do Facebook.

Escolha a ferramenta de publicidade certa.

(Provavelmente o Gerenciador de Anúncios.)

O Facebook oferece aos usuários duas ferramentas diferentes para criar um anúncio pago: o **Gerenciador de Anúncios** e o **Power Editor**. O Power Editor geralmente é melhor para anunciantes de maior porte que buscam um controle mais preciso em várias campanhas. Se esse não é o seu caso, o Gerenciador de Anúncios funciona muito bem para a maioria das empresas.

Descubra o melhor para o seu caso com base no porte da sua empresa e no número de anúncios que planeja veicular de uma vez.

Use o *Audience Insights* para conhecer seu público.

Os melhores anúncios do Facebook são de alta qualidade, anúncios relevantes que se adaptam perfeitamente ao ambiente do usuário. Você conhecerá melhor seus clientes e prospects usando o Audience Insights, que pode ser encontrado dentro do Gerenciador de Anúncios do Facebook no painel de navegação.

Esta ferramenta ajudará a direcionar os anúncios com mais eficácia e aprenderá sobre seu público, mesmo que você não esteja anunciando para ele. Como? Os dados podem ajudá-lo a construir **buyer personas** mais fortes, criar conteúdo mais interessante e descobrir preciosidades para sua pesquisa competitiva.

Teste várias versões de um único anúncio (Esta é a Regra de Ouro para todo o tipo de anúncio)

Veicular uma única campanha não ajudará muito a descobrir seu público, otimizar seus anúncios e, de uma maneira geral, saber se a publicidade no Facebook funciona para sua empresa. Você precisa estar disposto a veicular várias campanhas para testar e experimentar partes diferentes de uma única campanha.

Teste seu direcionamento primeiro, usando uma publicidade simples e imagem básica.

Há pelo menos, de cinco a dez maneiras de você direcionar publicidade para seus prospects. Descubra um ou dois públicos que tiverem a melhor conversão com o menor custo por lead.

Para atingir e testar em um público mais amplo, você precisará investir uma quantidade razoável de dinheiro em sua campanha. A Zero7 sugere que este montante esteja na casa dos milhares. Por qual o motivo? Os anúncios do Facebook recompensam por testar mais anúncios e públicos. Embora o custo por clique não mude muito com a publicidade no Google ou LinkedIn, os anúncios do

Facebook custam muito menos se você os testar com cuidado.

Em seguida, você pode testar o lado criativo do anúncio, incluindo imagens e copy. Teste de 30 a 45 variações em seu público comprovado, você só estará fazendo anúncios no Facebook bem se tiver criado de 20 a 30 peças.

Afinal, você quer seu cliente tenha resultato. E não só gastar o dinheiro dele, você quer que haja retorno para esse cliente, com base nas metas que vocês estipularam no planejamento da campanha.

O INSTAGRAM

Estratégia de marketing no Instagram

Definir uma estratégia de marketing no Instagram é o primeiro passo para quem deseja usar essa rede para divulgar uma empresa ou até mesmo a sua marca pessoal.

Com o crescimento dessa rede no Brasil, muitas marcas vêm buscando no Instagram uma alternativa para a divulgação de seus produtos e serviços.

Em seu caso, gastronomia, por exemplo, é dos setores que não podem ficar de fora do Instagram, por serem "a cara" dessa rede e por isso, encontram nela um ótimo lugar para a obtenção de leads.

O grande problema é que muitas dessas marcas estão partindo para o marketing no Instagram, ainda de uma forma amadora e improvisada. Não podemos deixar que Carlos, nosso herói caia nas mãos dessas armadilhas, empresas amadoras ou até mesmo que ele mesmo, de forma amadora, comece a publicar post sem nenhuma estratégia.

Em um mercado tão competitivo como o do marketing nas mídias sociais, tratar uma conta de Instagram corporativa da mesma forma que você trata a sua conta pessoal é um verdadeiro suicídio estratégico.

Por este motivo, é importante que antes de mais nada, a marca se prepare, elaborando uma estratégia de marketing no Instagram, antes de sair por aí publicando qualquer coisa e rezando para ter algum resultado. A fé aqui não vai ajudar! Todos nós sabemos que isso não funciona assim.

Os pontos que trabalharemos:

- Entendendo o conceito
- Entendendo o marketing no Instagram
- Determinando os seus objetivos no Instagram
- Desenvolvimento de conteúdo
- Preparação da estrutura
- Alinhamento com outras estratégias
- Monitoramento de resultados

Você verá que este planejamento de uma estratégia de marketing digital no Instagram não é tão difícil como pode parecer, mas certamente é fundamental para que o restaurante consiga bons resultados.

Criamos um passo a passo para você criar sua estratégia de ataque no Instagram, abaixo. Projetando sua marca, empresas ou marca pessoal.

1 – Entendendo o conceito

O primeiro passo para montar uma estratégia de marketing no Instagram é entender o próprio conceito de marketing nas mídias sociais, que tem características bem diferentes de outras estratégias de marketing digital.

<u>O marketing nas mídias sociais é baseado no relacionamento, ou seja, você em primeiro lugar cria laços de relacionamento com seus seguidores e fãs, para depois, de forma sutil, apresentar a sua proposta comercial.</u>

Sendo assim, esta é uma estratégia de médio prazo e por isso, você precisa começar agora para depois colher os frutos dessa estratégia mais adiante. Não existe resultado imediato no marketing em mídias sociais.

Há duas formas aqui bem distintas, uma é um conteúdo relevante, trazendo público para sua rede social, a outra é uma abordagem mais "vintage", como outrora faria nossos publicitários, publicando imagens publicitárias mesmo. Que, se bem desenhadas tem o mesmo efeito, vender!

2 – Entendendo o marketing no Instagram

O marketing no Instagram, seja ele pessoal ou corporativo, obedece a regras próprias e compreender estas regras e

47

características da rede é essencial para sua estratégia de marketing.

O Instagram é uma mídia digital, e por definição, de entretenimento. Por isso, sua abordagem comercial deve ser a de display, ou seja, estar no lugar certo, para as pessoas certas, sem interferir na conversa espontânea da rede. Se aprender a fazer isso com maestria, sucesso é certo.

Aqui, o marketing é de oportunidade é fundamental, não existe um modelo final, é preciso experimentar, conhecer bem o público-alvo, a persona tem que estar bem definida.

Por exemplo, se a pessoa buscou por "comprar uma casa" no Google, quando ela entrar no Instagram, algumas publicidades serão relacionadas a esta pesquisa. O público-alvo vê a publicidade porque horas antes, havia buscado sobre o assunto. E se buscou pode ser que ao ver sua publicidade, clique e compre. As chances disso acontecer são de 67%. Segundo pesquisa da ABMD.

3 – Determine os seus objetivos no Instagram

Como em qualquer outra plataforma de mídia social, ao traçar uma estratégia de marketing no Instagram você deve determinar de maneira clara quais são os seus principais objetivos com a presença da sua marca neste canal. Enumere-os.

O marketing no Instagram não funciona ou funciona muito pouco em algumas situações, como a da venda direta, por exemplo. Por isso, a sua proposta deve ser a de criar uma alternativa às suas outras estratégias de marketing online.

Determinando de maneira clara os seus objetivos, você terá condições de selecionar suas métricas e fazer uma mensuração realmente técnica dos resultados. Não é por outro motivo que em nosso Curso de Instagram, colocamos esta questão logo entre os primeiros módulos do treinamento.

4 – Desenvolva conteúdo exclusivo para o

Instagram

Outra característica interessante do Instagram é que ele é extremamente exigente em termos de conteúdo. Neste livro de marketing, nas mídias sociais, sempre falarei que o conteúdo é a principal ferramenta, e no Instagram não seria diferente.

Uma estratégia de marketing no Instagram, difere bastante do uso pessoal da ferramenta. Enquanto no uso privado, não temos muita preocupação com a sequência de ações, no caso do uso corporativo, tudo precisa ser pensado.

Por isso é importante que você estude as postagens de empresas da sua área que se destacam no Instagram, para entender a sua concorrência e também ver como o público reage a estas publicações.

1. **Imagens** – Trabalhe sempre com imagens exclusivas e inovadoras. Nada de sair por aí pegando imagens batidas para colocar em suas publicações, pois elas não funcionam, justamente por já fazerem "parte da paisagem".
2. **Textos** – Invista pesado na criação de textos que gerem interações, para que suas publicações consigam alcançar o seu objetivo de criação de laços de relacionamento com os seus seguidores.
3. **Hashtags** – As Hashtags desenvolvem um papel importantíssimo dentro de uma estratégia de marketing no Instagram, por isso, cria a sua própria, para conseguir um alcance maior e também monitores as hastags mais populares.

O conteúdo é o grande responsável pelas interações no Instagram, portanto, acreditar que a marca poderá ter sucesso nesta área sem o devido cuidado na preparação prévia deste conteúdo é perda de tempo.

5 – Prepare a sua estrutura

O Instagram, mais até que outras mídias sociais como o Facebook e Twitter, é um ambiente de conversas, por isso, você precisará ter uma estrutura de interação, caso contrário, todos os seus esforços para a criação de uma estratégia de marketing para Instagram serão desperdiçados.

As pessoas comentam e fazem perguntas em suas publicações, e é importantíssimo, para a criação dos laços de relacionamento que citamos no primeiro item deste artigo, que você esteja pronto para interagir com estes comentários e perguntas.

A pessoa responsável por estas interações precisará estar totalmente alinhada com a estratégia de Instagram Marketing desenhada pela sua equipe, caso contrário, o potencial de conversão destas interações pode ser perdido, ou pior a marca pode acabar envolvida em uma crise nas mídias sociais.

6 – Alinhe sua estratégia de marketing no

Instagram com a do Facebook

O Facebook está totalmente integrado ao Instagram, e por isso mesmo faz todo o sentido que você alinhe a sua estratégia de marketing no Instagram à sua estratégia de marketing no Facebook, de forma a criar uma sinergia de marketing digital entre elas.

Não que você vá replicar tudo o que faz no Instagram, na interface do Facebook, o que seria na verdade um grande erro, mas sim, fazer com que estas duas ferramentas interajam entre si, visando potencializar cada uma delas.

7 – Tenha um bom sistema de monitoramento

Só existe uma maneira de você analisar o sucesso de uma estratégia de marketing no Instagram, como em qualquer outro tipo de campanha online: Montando uma boa estratégia de monitoramento de conversões.

Um dos grandes problemas do Instagram é justamente a falta de links nas publicações, eles só são permitidos em anúncios. Por isso, a maioria das técnicas de monitoramento de tráfego baseadas no Google Analytics, como UTM Tagging, ficam bastante comprometidas.

Por isso, você deverá criar um sistema de monitoramento diferenciado, através de Landing Pages específicas, enviadas em resposta às suas interações, para poder acompanhar a entrada de leads gerados no Instagram em seu funil de conversão.

Como você pode verificar, criar uma estratégia de marketing no Instagram não é tão difícil assim. Parece até bem básicos.

8 - Dicas Extras

Você pode por exemplo, seguir todo mundo de volta, e também seguir o maior número de pessoas possíveis. Geralmente essas pessoas o seguem de volta, como uma retribuição.

- Siga as pessoas certas;
- Veja o que seus concorrentes estão fazendo nas redes;
- Publique posts relevantes e que chamem atenção da sua persona;
- Analise as métricas oferecidas pelo Instagram;
- Responda sempre todas as mensagens, usando a linguagem adequada para seu público-alvo;
- Distribua brindes;
- Alinhe-se com seu público-alvo, conheça os horários e dias que estes costumam estar online.

NÃO COMETA ESTES ERROS

Cometer erros numa rede social acaba com todo o seu planejamento, veja o que não fazer em suas redes sociais.

1. Utilizar muitas hashtags genéricas

Ao utilizar muitas hashtags, principalmente termos genéricos ou muito comuns, sua marca pode ser vista como uma fonte de SPAM.

Exemplo: se você é dono de uma academia, evite utilizar hashtags muito populares entre os adeptos, como #gym, #nopainnogain...

Prefira marcar termos mais segmentados, como a palavra "academia" unida ao nome ou sigla da sua cidade (#academiarj).

Num primeiro momento, pode até parecer inteligente marcar muitas hashtags no post a fim de que ele alcance diversas pessoas. No entanto, boa parte — para não dizer a maioria — dos usuários ignorarão a sua postagem, pois a concorrência com outras publicações é grande.

Eles irão vê-la, mas não farão qualquer interação, como curtir, seguir ou comentar. Quando isso acontece, o número de impressões aumenta, mas o engajamento é mínimo. Resultado: o Instagram entende que o seu conteúdo é irrelevante.

Básicamente, o algoritmo do Instagram, analisa com base em dados já trabalhados desde sua criação, que certas porcentagens de interações, torna sua publicação irrelevante, e portanto lhe coloca numa lista de SPAM.

Confira algumas boas práticas no uso das hashtags no Instagram:

- Procure utilizar termos mais segmentados e focados nos seguidores que realmente se interessam pelo conteúdo;
- Use até 5 hashtags na descrição da postagem;
- Marque até 15 hashtags relevantes no primeiro comentário.

2. Fazer postagens em horários diferentes

A estratégia é bastante válida no início dos trabalhos, quando se quer testar e identificar qual é o melhor momento do dia para alcançar o público do seu negócio. Mas feita essa descoberta, a tática perde sentido. Veja um exemplo:

Você já sabe que a maioria dos seus seguidores fica online às 17h, horário da sua publicação ir ao ar. Quando os primeiros seguidores interagirem com a postagem, ela será impulsionada e aparecerá para mais pessoas ativas naquele momento.

Quanto mais usuários online, maiores são as chances de o conteúdo ser visto e distribuído de forma orgânica. Esse engajamento permite que o post fique no topo do feed dos seus seguidores e vá parar no Instagram Explorer.

3. Postar imagens de baixa qualidade

O Instagram é uma plataforma extremamente visual. Nele, os usuários buscam exibir ou expressar algo por meio de vídeos, fotos e gifs..Isso significa que as pessoas valorizam muito mais a qualidade da imagem do que a mensagem que ela quer passar.

Falando em mensagem...

Quando você se comunica com o seu público sem se preocupar com a qualidade visual, as pessoas acabam enxergando a sua marca como:

- Desorganizada;
- Despreocupada;
- Sem credibilidade.

Em resumo, cuidar da comunicação visual da sua empresa certamente irá colocá-lo no caminho do sucesso!

4. Não planejar o conteúdo

Esse é um dos principais erros que você pode cometer no Instagram. Se bem pensado, o conteúdo pode alavancar os resultados da sua marca. Do contrário, é impossível mensurar se a sua ação foi relevante ou não.

Algo que fazemos lá no escritório nas Redes Sociais e tem dado super certo é planejar todo o conteúdo da semana logo na segunda-feira. Dessa forma, conseguimos definir objetivos, programar os posts e medir, ao fim dos cinco dias, se estamos nos comunicando da maneira correta.

Se você tem cometido esse erro por falta de tempo ou de dinheiro para investir na contratação de um profissional, recomendamos que opte por uma plataforma de automatização do Instagram.

A otimização da conta permitirá que você agende posts para serem publicados quando desejar. Isso sem falar nos outros recursos disponíveis, como segmentação de público alvo, geração de relatórios personalizados, automatização de Mensagens Diretas, das opções curtir, seguir e deixar de seguir..

5. Comprar seguidores e esperar resultados

Se todos os erros citados até agora são ruins, esse talvez seja o pior deles.

A prática de comprar seguidores tem se tornado cada vez mais frequente, principalmente pelo desejo de inúmeras pessoas ganharem o título de Influenciadores Digitais. Fazendo isso, você está colocando fora dinheiro, tempo e com certeza, não é um influencer na rede.

Eu contra-indico esta ação, pois na maioria das vezes ela oferece apenas números — boa parte dos usuários podem ser fakes. Sem citar a falta de segmentação que ela proporciona!

6. Postar várias fotos na mesma hora

Publicar inúmeras vezes em um curto período pode render uma penalização da sua conta por parte do algorítmo do Instagram. Aposto que essa você não sabia, né?

Para evitar a punição, o ideal é utilizar a combinação de fotos do Instagram, deixando-as organizadas e evitando que elas sejam consideradas SPAM no feed de seus seguidores. Gerenciar uma conta de negócios no Instagram pode não ser uma tarefa fácil, mas seguindo as dicas dadas até aqui e organizando suas ações, o trabalho se tornará mais fácil e eficiente.

A adoção de boas práticas joga a favor da sua estratégia de Marketing, e dessa forma, sei que Carlos está em boas mãos.

Não observar atento ao que citei acima, vai ser um erro fatal para seu cliente, e com isso ele perde de vender, e com o tempo, para de trabalhar com você. E nesse momento, você irá perceber que ele era importante no seu negócio digital. Cada centavo conta na administração da sua empresa.

Não sei você, mas nem eu e nem Carlos queremos perder tempo e nem dinheiro.

CAPÍTULO IV
STORYTELLING

O marketing não é mais sobre vender produtos, é sobre contar histórias. E vamos conhecer agora, a fantástica forma de contar história.

A JORNADA DO HERÓI

Esses são os passos de uma boa história, todos os bons filmes, e com maior bilheteria seguiram à risca essa jornada do herói, e não é vergonha copia-la para o seu Storytelling.

Quando for contar sua história, aplicando essa técnica você não só prende a atenção do leitor, como o faz ser um consumidor de seus artigos e publicações.

Me lembro como se fosse hoje, quando decidi escrever meu primeiro romance - Os Sobreviventes - evidentemente o livro não foi um sucesso, não segui   essa regra de ouro "A Jornada do Herói". E olha, que o livro é exatamente sobre um personagem que é herói, e não foram aplicadas as mínimas técnicas, nem de redação e nem de construção da história. E esse erro, me custou caro, o livro não emplacou, perdi dinheiro e tempo, e inclusive cancelei o lançamento.

Mas na vida temos que estar preparado, e aprender lições, o meu segundo livro - O Livro Proibido dos Bruxos - foi o top 10 por meses na Google Play e no Clube de Autores, neste eu já apliquei as técnicas que não havia aplicado na primeira, e com certeza o motivo deste - e não do outro - ter sido um sucesso, 70% se deve as técnicas aplicadas baseado nos passos de A Jornada do Herói.

A Jornada do Herói é conhecida como MONOMITO, parte-se do princípio de que todos os grandes personagens das histórias de sucesso, passam pela jornada do herói, e as histórias são tão semelhantes, que se você observar vai ficar perplexo.

Vamos entender os 12 passos da Jornada do Herói.

1 – Mundo ordinário

Como era sua vida antes de você entrar naquele negócio ou surgir aquela ideia. Aquela mundo onde o herói vive uma vida sem saber de nada que vai acontecer. É onde você mostra o estado natural daquele ambiente.

2 – Chamado para a aventura

Explique porque você tentou começar aquele negócio ou o que o levou a ter aquela ideia. É um momento onde a aventura do herói começa, onde a velha vida começa a ficar para trás.

3 – Recusa ao chamado

Acostumado com o seu antigo mundo, o herói deixa de lado o que virá e tenta (em vão) voltar a ser o que era.

4 – Encontrando o mentor

Quem inspirou você? Quem te colocou naquele caminho? O que o levou a eles? O momento onde você ganha um guia que o prepara para a jornada e que te auxiliará no decorrer da trajetória.

5 – Atravessando o primeiro portal

O herói ultrapassa uma barreira física ou psicológica que não o permite mais voltar atrás. Talvez aquele momento onde sua ideia toma forma de um jeito que não pode mais ser abandonada, ou seu novo negócio ganha vida.

6 – Teste, Aliados e Inimigos

Sua aventura ganha obstáculos e dificuldades, mas também ganha parceiros. Que lições você tira de cada barreira que surge em sua frente?

7 – Aproximação

Aquele momento em que é tudo ou nada se aproxima. O herói enxerga esse obstáculo maior e você percebe o quanto isso pode colocar em risco a vida do herói

8 – Provação

O heróis é desafiado em termos de vida ou morte. Ou ele saí dali vivo e ainda mais forte, ou falha em sua jornada. Quase sempre a provação é um desafio que nasce aos poucos, o resultado de um trabalho narrativo que começa ou é apresentado em um momento anterior, assim seu tamanho ou periculosidade vai aumentando aos poucos. Todos têm pavor da provação desde o começo da história.

9 – Recompensa

O herói sobrevive àquela provação, sua ideia não morre diante daquele desafio ou sua nova empresa continua à toda depois daquele momento de tensão. E disso o heróis trás com ele um ensinamento ou experiência específica que lhe ajudará para um desafio final.

10 – O retorno

O herói pega o caminho de volta para casa, para o mundo ordinário. Você sente que não terá mais problemas ou desafios e seu caminho está completo.

11 – A ressurreição do herói

Pode ser em teoria ou na prática, sua ideia, empresa ou o herói voltam a sua jornada ao descobrirem que ela não terminou ainda. Um último desafio surge, um onde ele terá que usar todos conhecimentos e ensinamentos que ganhou na jornada para enfrentar esse inimigo.

12 – Retorno com o elixir

E nesse caso pode ser algo figurado, um elixir, um conhecimento, uma ferramenta, uma força. Qualquer coisa que o herói tenha ganhado depois de enfrentar seu maior desafio. Com ela em mãos, o herói volta a sua vida ordinária, mas agora com a possibilidade de ajudar os próximos com esse conhecimento ou melhorar a vida de todos ao seu redor.

Como aplicar essa jornada no Marketing

Já deixo bem claro, de saída. O herói nestes casos, sejam fictícios ou reais é o CLIENTE. Erro comum é tornar a empresa o herói do storytelling, mas no marketing, por isso é importante que você conheça sua persona, é ela que será o HERÓI na sua storytelling.

Leve o leitor de um ponto A até um ponto B

Histórias sem final ou sem ordem cronológica podem funcionar muito bem em filmes artísticos e na literatura, mas não são indicadas quando temos um objetivo claro e uma mensagem que deve ser facilmente transmitida e reproduzida.

Cada narrativa deve ser constituída pela simples estrutura:

Introdução - Desenvolvimento - Conclusão

Sua história precisa pegar o leitor pela mão e conduzi-lo sem muitas turbulências. Para isso, uma boa escaneabilidade e um bom encadeamento de ideias são fundamentais para não transformar o seu texto em um obstáculo para o leitor.

Seja criativo

Qualquer história pode ser criada, tudo vai depender do que você vai oferecer para o seu público.

Mas é claro que, para produzir uma boa narrativa, você necessita de um tema que seja relevante, contendo problemas que eles tenham e que você possa resolver.

Todo leitor gosta de ser surpreendido, e por essa razão obras que usam recursos narrativos como plot twists (viradas na trama) e quebras de expectativas são tão populares. Use a criatividade para atrair e envolver o seu leitor, mas tome cuidado para que a trama não fuja do objetivo principal.

Transmita sensações positivas com o conteúdo

De acordo com um artigo publicado pela Scientific American, as histórias que estimulam emoções positivas são mais amplamente compartilhadas do que aquelas que provocam sentimentos negativos, e o conteúdo que produz uma maior excitação emocional tem maiores chances de viralizar.

Estimule o público a terminar o conteúdo com um sentimento positivo no peito. Isso não significa que o conteúdo deve apenas falar de coisas boas e não exibir problemas!

O principal objetivo é que, no final, uma solução seja apresentada e que, de preferência, ela seja um serviço ou produto oferecido pelo cliente que você atende.

Não contar histórias romantizadas

As principais vantagens do storytelling são a possibilidade de se conectar com o leitor emocionalmente e escapar do overload, correto?

Ao romantizar as histórias, você acaba suavizando ou comprometendo o conflito, o que traz uma situação onde tudo acontece de forma muito fácil — e isso acaba dificultando a identificação do leitor por ser muito distante da realidade.

Seu storytelling, assim, pode até ser apreciável, mas jamais será inesquecível. Basta lembrar das centenas de filmes de comédia romântica que são lançados. Quantos de fato se tornam clássicos?

Utilizar personagens rasos ou superficiais

Quando um protagonista é excessivamente simplificado ou genérico, é mais difícil desenvolver empatia por ele e, consequentemente, a identificação do leitor acaba comprometida.

Um bom herói deve ter suas virtudes e seus pontos fracos para enriquecer a trama e trabalhar junto com o conflito. Se ele é superficial demais, a sua transformação também é afetada e a mensagem transmitida terá menos impacto.

Apresentar a mensagem de forma muito direta

Ir direto ao ponto funciona em muitas situações. No storytelling, nem tanto.

Antes de transmitir sua ideia, é necessário envolver o público utilizando os estágios e elementos apresentados ao longo deste artigo.

Novamente, temos a ideia do show, don't tell (mostre não conte). Mas também não a leve tão a sério, chegando ao ponto de entediar sua audiência antes de ter a oportunidade de transmitir sua mensagem.

Então, vamos contar a história de Carlos? Usando a técnica de storytelling? E com os 12 passos da Jornada do Herói?

Para isso, vamos conhecer melhor nosso herói! Segundo um estudo feito em 2001, pela Scientific American, todos nós temos traços da personalidade em comum. Todos sem exceção são de alguma forma iguais, possuem sentimentos muito semelhantes, dificuldades e dores muito parecidas. Ai está o fato de conhecer bem a sua persona, porque se a conhece bem, poderá aplicar uma boa história, com um herói muito profundo, e que com certeza, será um ícone memorável.

Imaginou isso? Um persona, numa cidade pequena, tendo alta relevância em sua história, que sendo muito bem contata, ficará na memória e no coração de muitas pessoas, olhando de fora da caixa, se contares uma boa história sobre Carlos, dono de um restaurante, numa pequena cidade, e que essa história toque o coração de muitas pessoas, não só ele é promovido, mas também o seu trabalho.

"Quando Carlos nasceu, não imaginava que se tornaria um chefe de cozinha, ao contrário, precisou estudar muito, até mesmo contra sua própria vontade, obrigado a acordar cedo pelos seus pais, nunca imaginou-se dentro de uma cozinha, preparando pratos extremamente SABOROSOS. Mas desde sua tenra idade, Carlos adorava cozinhar. Mas, as dificuldades da vida, o obrigaram a trilhar outros caminhos, Carlos parou de estudar aos 15 anos, e começou a trabalhar como pintor, aos 18 foi pro quartel, e quando saiu conheceu Marcia, casou e teve filhos lindos. Mas o serviço de pintor não estava dando muito dinheiro, então juntou alguma grana, pediu emprestado pro seu sogro e abriu uma lancheria no quintal da sua casa. Em um ano, Carlos estava vendendo o dobro que seus concorrentes locais, lanches saborosos e com um atendimento excelente, foi fácil conquistar novos clientes, a clientela aumentou tanto que Carlos, decidiu alçar voos mais altos, e alugou um prédio no centro da cidade e abriu o seu restaurante de frutos do mar, com pouco estudo mas com grandes sonhos, de tanto workshop que fez, Carlos é hoje referência quando se fala em pratos com sabor inigualável."

Bom esse é só um exemplo! Agora é com você, se você quer uma análise gratuita de sua storytelling, mande-nos um e-mail, será um prazer conhecer você, afinal, somos iguais, batalhando por um lugar ao sol, acho que tanto eu posso acrescentar algo, como você a mim!

CAPÍTULO V
GATILHOS MENTAIS

TÉCNICAS DE GATILHOS MENTAIS

Ah!! Se Carlos soubesse que a tua agência está se tornando uma especialista em Marketing, e que já pode aplicar novos mecanismos para deixar nosso herói mais contente. Ainda não contou pra ele, que adquiriu este livro, e que agora entende e pode ajuda-lo mais ainda? Não demore a contar, pois se ele estar procurando por isso, aumentar as vendas e o fluxo de pessoas em seu estabelecimento. Vá que outro apareça, e ai?

1. Gatilho Mental da Reciprocidade

Há gatilhos mentais que são tão naturais, que não é nem preciso muita explicação para usá-los.

Reciprocidade é um deles. Quando ganhamos um favor ou um presente de alguém, nos sentimos obrigados a de alguma maneira retribuir.

Por isso tantas técnicas de copywriting ensinam a oferecer conteúdo gratuitos e recompensas e presentes.

A lógica é, quando você solicitar uma venda, quem recebeu os conteúdos gratuitos sinta-se obrigado a retribuir os favores.

Para que este gatilho funcione, você não deve cogitar a possibilidade de vender algo neste momento. Não espere nada em troca.

Contudo, tenha ciência de que esse gatilho tem um curto prazo de validade. Depois de um tempo, quem ganhou pode não retribuir com uma compra.

Por isso é importante oferecer grátis de forma recorrente.

Como usar Gatilhos Mentais da Reciprocidade

74

O mais famoso exemplo do gatilho mental da reciprocidade no marketing digital está no modelo de Fórmula de Lançamento do Érico Rocha.

O funil de vendas da Fórmula de Lançamento baseia-se neste gatilho. Você oferece a recompensa para gerar lista de e-mails.

2. Gatilho Mental de Comprometimento e Consistência

Quando assumimos um compromisso publicamente ou temos uma posição em relação a algum assunto, temos a tendência de nos comportarmos de forma consistente com essa posição ou escolha.

Por exemplo, alguém se cadastra tendo interesse num futuro lançamento de um evento, quando tal evento for lançado, a tendência é que você participe.

Isso é consistência com sua posição no passado.

Como usar Gatilhos Mentais de Comprometimento e Consistência

Use gatilhos de comprometimento e consistência utilizando a técnica dos Acordos Progressivos.

Faça um mapa de empatia da sua persona. Depois, em seu texto ou vídeo de vendas, faça pelo menos três perguntas em sequência que você sabe que eles responderão com um Sim.

Só então, faça uma oferta que tenha consistência com o comprometimento assumido pela persona nas perguntas.

3. Gatilho Mental da Prova Social

Este é outro dos gatilhos mentais que entendemos sem muita explicação. Todos nós tendemos a acompanhar o comportamento de nossos pares.

Vestimos o que nossos semelhantes vestem. Compramos produtos similares. Visitamos locais que nossos pares visitam.

Nosso instinto natural é o de seguir a manada por aceitarmos que um comportamento de um grande número de pessoas tem maiores chances de estar certo.

O ser humano copia o comportamento dos outros para determinar qual o melhor comportamento que deve ter. O exemplo mais claro disso é como o crescimento do McDonalds acontece.

Como usar Gatilhos Mentais da Prova Social

No marketing digital, a melhor forma de utilizar o gatilho da prova social é expondo números, comentários e curtidas:

- Quantidade de clientes que compraram determinado produto;

- Quantidade de comentários e compartilhamentos em um conteúdo;
- Quantidade de visualizações de um vídeo;
- Quantidade de downloads de uma recompensa digital;
- Quantidade de seguidores em uma rede social;
- Quantidade de acessos ao seu site;

O seu objetivo é despertar no seu público-alvo o Efeito Manada!

Leve dois fatos em consideração.

Primeiro, seja íntegro. Todos os números que você apresentar como prova social devem ser verdadeiros, nunca manipulados

Segundo, da mesma forma que você exibe os números que o favorecem, esconda números que não estão a seu favor.

Um bom exemplo, quando você tem pouquíssimos seguidores nas redes sociais, não as mostre em seu site.

4. Gatilho Mental da Apreciação

As pessoas compram de quem elas gostam, das empresas que elas apreciam.

A taxa de conversão é baseado na forma como seu público-alvo lhe aprecia, quanto mais empatia você tem com seus compradores, mais vendas você terá.

Alguns fatores que geram apreciação:

Atratividade: pessoas carismáticas têm mais facilidade de convencer os outros. No marketing digital, é possível investir nessa ideia e na beleza das seus conteúdos.

Similaridade: as pessoas compram de pessoas parecidas com ela. Não se trata de aparência física. Se você conhece bem seu público, pode demonstrar características que você tenha em comum com eles, tais como hobbies, ideais, vocabulário etc.

Cumprimentos e Elogios: Elogios sinceros aumentam a apreciação que uma pessoa sente por quem a elogia.

Familiaridade: você sabe por que vendedores que atuam no mercado digital abrem suas vidas na internet? Um dos motivos é para gerar familiaridade com seu público-alvo, para aumentar as chances de apreciação.

Associação: as pessoas associam outras pessoas a determinados rótulos. Pessoas que estão sempre reclamando de algo, recebem uma conotação negativa, enquanto pessoas que estão sempre de bem com a vida tendem a ser mais apreciadas. É neste ponto que os anunciantes associam sua empresa ou produtos a imagens positivas, utilizam celebridades, influenciadores digitais em suas peças publicitárias e fazendo ações de responsabilidade social.

Como usar Gatilhos Mentais da Apreciação

Sua missão é demonstrar características que sejam apreciadas pelo seu público, explorando os 5 métodos listados: atratividade, similaridade, cumprimentos, familiaridade e associação.

5. Gatilho Mental da Autoridade

Desde nascimento somos ensinados a obedecer entes de autoridades, isso é um fato. Primeiro nossos pais, depois nossos professores e por fim nossos patrões. E mais, os médicos, os líderes religiosos e políticos, os policiais etc.

Quando você é uma autoridade no seu nicho de mercado, as chances de que seus comandos de ação sejam cumpridos elevam.

Antes, as autoridades eram construídas sobretudo com base em credenciais e símbolos. Um diploma superior. Um jaleco de médico. Um livro publicado.

Agora, o que mais importa para o marketing digital é trazer de resultados. Sem eles, nada feito.

Se conseguir demonstrar para seu público que sabe como resolver as maiores dores deles e provar que já fez isso para outras pessoas semelhantes, será reconhecido como uma autoridade nicho.

É importante entender que, diferente de antigamente, a autoridade não é algo que você tem. É sim um gatilho que você aperta e abre a percepção da pessoa.

Como usar Gatilhos Mentais da Autoridade

Se você possui credenciais ou símbolos de autoridade importantes para o seu nicho de mercado, os use.

Títulos, uniformes, livros, prêmios. Tudo isso ainda tem importância e se você os possui, não há razão para não os usar. Claro de forma adequada.

No entanto, no marketing de conteúdo que estamos trabalhando ao longo deste livro. A maneira mais fácil de ser visto como autoridade no seu nicho de mercado é demonstrando resultados diariamente.

Encontre as maiores dores da pessoa e demonstre como você combateu isto. Fale sobre resultados que conquistou para si mesmo e para outras pessoas.

Publique de forma sistemática conteúdos didáticos, que mostrem o seu domínio sobre o assuntos no nicho de mercado. Preferencialmente em vídeos.

Consiga a indicação de outra autoridade em seu nicho de mercado. Caso contrário, entreviste uma dessas pessoas.

Quando bem trabalhado, este gatilho mental pode levar você a ser visto até como uma celebridade no seu nicho.

Neste nível de autoridade elevado, as pessoas começam inclusive a querer saber da sua vida pessoal, dos seus hobbies, do que você faz além do seu trabalho.

É o mesmo efeito ao das celebridades de televisão ou cinema, que já é conquistado pelos produtores de conteúdo no Youtube.

6. Gatilho Mental da Escassez

A escassez é um dos gatilhos mais poderosos que existem. O medo de faltar algo nos motiva a tomar uma atitude e tem mais poder até do que a ideia de ganhar algo de valor.

Naturalmente nós valorizamos o que é mais escasso em detrimento do que é mais abundante. A lei básica da economia livre precifica o produto com base na quantidade ofertada.

Se você fizer com que o seu produto ou serviço seja raro, provavelmente será mais valorizado pelo seu público-alvo.

Assim, quando a oportunidade de comprá-los aparece, eles tendem a comprar o seu produto.

Há quem divida, entre Escassez quando o produto está acabando e Urgência quando o prazo final é curto para a compra.

Para fins de entendimento, vamos utilizar apenas o Gatilho Mental da Escassez para nos referirmos a ambos.

Como usar Gatilhos Mentais da Escassez

A forma mais fácil e direta de usar o gatilho mental da escassez é limitando o tempo da sua oferta.

Este é um dos princípios básicos do modelo Fórmula de Lançamento, em que a oferta disponível para compra é limitada em 1 a 10 dias, em regra.

A segunda opção, mais viável, limitando a quantidade de unidades vendidas. Isso vale para eventos, produtos físicos, serviços e etc.

E se deixar seu produto sempre disponível, pode gerar escassez oferecendo bônus por tempo limitado, dando desconto para quem comprar primeiro, acrescentando uma funcionalidade para quem adquirir no prazo e etc.

Tendemos a acreditar que as coisas mais difíceis de serem conquistadas são melhores do que as fáceis. Por isso a escassez é uma excelente ferramenta de aumentar o valor percebido da seu produto.

7. Gatilho Mental do Contexto

Esta é a arma de persuasão que chamaremos de Gatilho Mental do Contexto, pois a mensagem central do livro é a de que o contexto muda a maneira como a persuasão acontece.

A maneira mais eficaz de convencer alguém a acatar uma ideia é aproveitar a lacuna de tempo anterior à sua apresentação: o momento no qual a pessoa se torna mais receptiva ao comando de ação.

Os melhores comunicadores do mundo reconhecem que o segredo da persuasão não está apenas na mensagem, mas no instante antes da mensagem ser transmitida.

Como usar Gatilhos Mentais do Contexto

Sua meta é "aquecer o público" para que, no momento certo de convencer alguém a comprar, suas chances de sucesso aumentem consideravelmente.

Você precisa, de maneira sistemática, apresentar informações que irão no futuro influenciar na tomada de decisão do comprador.
É como num jogo de xadrez, o segredo para isso está na antecipação. Ao invés de apresentar um produto diretamente, você identifica antes o momento certo.

Perceba que quando surgirem esses momentos certos é quando você deve fazer a sua oferta. Assim, quando venda já foi feita, mesmo antes de apresentar a oferta.

Mas há um problema, na prática identificar tais momentos oportunos não é tarefa simples. Você terá que testar muitos conteúdos gratuitos e campanhas de marketing até identificar a fase do seu funil de vendas que o seu público está mais receptivo a aceitar sua oferta.

8. Gatilho Mental da Confiança

As pessoas fazem negócios com quem elas confiam. Confiança é diferente autoridade. Quem não lembra de Raul Seixas?

Ele foi e ainda é uma das maiores autoridades no mercado da música brasileira.

No entanto, ninguém confiável. Faltava a muitos shows, e nem desmarcava, apresentava-se muitas vezes em estado deplorável, bêbado e sem a mínima condição de cantar.

Como usar Gatilhos Mentais da Confiança

Para demonstrar que você é uma pessoa confiável, existe basicamente um caminho: cumpra todas as suas promessas, mesmo que para isso você perca dinheiro. E claro, mostre ao seu público que você cumpriu.

Faça isso muitas vezes e o seu público notará que você é uma pessoa confiável.

9. Gatilho Mental da Previsão

Quando uma pessoa percebe que algo pode aparecer, fica curiosa e até ansiosa com sua chegada. Com isso, forçamos que a pessoa preste atenção ao que será revelado em seguida.

Informações incompletas, costumam nos deixar curiosos e prendem nossa atenção, isso funciona muito bem, vou te dar alguns exemplos.

As atuais séries e novelas sempre deixam um gancho ao final de cada capítulo, instigando a curiosidade, fazendo sua mente prever o que acontecerá. Esta lacuna, mantem a informação incompleta na sua cabeça.

Mas tem um porém, não exagere. Mudar muito de repente de assunto, deixando dúvidas onde não deveria é um tiro no pé.

Como usar Gatilhos Mentais da Previsão

Dentro de uma mesma mensagem, você pode ativar o gatilho mental da previsão utilizando a técnica dos Loops Abertos.

Para isso, anuncie que algo que vai ser revelado mais adiante na mensagem.

Use a técnica incrementada, utilizando as Pistas de Tempo. Ao invés de apenas dizer que algo acontecerá mais além, diga em quanto tempo isso vai acontecer.

No caso de sequências de e-mails, este gatilho funciona como um gancho que deixa a pessoa ansiosa para receber o próximo conteúdo no e-mail. Antecipe o que falará nos próximos e-mails ao seu público.

10. Gatilho Mental do Desapego

O Gatilho Mental do Desapego tem por objetivo de mostrar para o público que é mais importante ela comprar a oferta do que você vender.

Isso é o oposto do vendedor clássico, que fica insistindo e até incomodando o cliente para fazer uma venda.

Este gatilho mental tem como princípio que quanto mais você estiver ansioso que seu cliente faça uma ação, menos a pessoa vai agir conforme você deseja.

A ideia aqui é o raciocínio lógico dos clientes pensando que se a oferta fosse realmente boa, o vendedor não precisaria ficar implorando para fazer fechar uma venda.

Como usar Gatilhos Mentais do Desapego

A técnica de vendas baseada no desapego que é conhecida como Take Away Sale.

Nela você deve dar a entender em sua mensagem de vendas que algo que é extraordinário para os outros é comum para você.

91

Encontre um meio termo, pois você não pode se mostrar totalmente indiferente. É importante que te vejam como comprometido, porém desapegado.

11. Gatilho Mental da História

Durante séculos, o conhecimento humano foi passado de geração a geração contado através de histórias.

Esta é certamente a forma mais antiga de ensino e aprendizado dominada por nós.

Em uma experiência feita em um mesmo conteúdo num blog de uma empresa, este foi levado de duas formas ao público: com história e sem história.

A versão com história obteve 278% a mais de leituras completos e 811% a mais de tempo do visitante na página com a envolvente história.

Este gatilho, se utilizado bem gera mais engajamento com sua audiência, tem mais atenção, e conecta-se emocionalmente com mais naturalidade, facilitando a memorização do conteúdo.

Estudos sobre storytelling demonstraram que uma informação transmitida em forma de dados ativa apenas duas partes do cérebro, enquanto que a mesma informação contada em formato de história ativa pelo menos oito partes do cérebro.

Como usar Gatilhos Mentais da História

A regra aqui é comum: a mensagem principal de seus conteúdos deve ser contada como uma história.

No Capitulo IV, expliquei em detalhes como utilizar a técnica do Storytelling em seus conteúdos.

Lá falei sobre as seis características de uma boa história, sobre a teoria do monomito e sobre a estrutura básica que toda a boa história deve ter.

Observe que todo este livro é uma grande história. Se boa ou não, quem decide é você.

12. Gatilho Mental da Especificidade

Quando uma pessoa está mentindo, em tese, ela costuma ser bem evasiva. Enquanto quando está contando uma verdade ou lembrando um fato, ela costuma apresentar detalhes bem específicos.

Nosso cérebro acredita mais facilmente em histórias que contenham um bom número de detalhes, em informações que apresentem dados, fatos e estatísticas que corroborem a sua história.

Como usar Gatilhos Mentais da Especificidade

Para ativar este gatilho, simplesmente acrescente detalhes e características bem específicas aos seus conteúdos.

Em vez de dizer, por exemplo, que o seu produto genericamente "emagrecimento em 1 mês", diga que quem o utiliza "perde 3,512kg em 4 semanas".

Obviamente, que todos os dados e características que você coloque nos conteúdos devem ser verdadeiros.

Utilize este gatilho mental em títulos, histórias, depoimentos e informações que podem ser observadas e medidas.

13. Gatilho Mental da Prova

A função básica de uma carta de vendas e de outros tipos de copy pode ser resumida em dois pontos:

Ponto 1 é: Prometer algo extraordinário para o seu público-alvo.
Ponto 2 é: Provar que a promessa é tangível por meio da solução que você apresenta.

O gatilho da Prova é utilizado neste segundo ponto. Depois que você prendeu a atenção da sua audiência com uma Headline Extraordinária e conseguiu engajar por meio de uma boa história, você precisa provar que a promessa realmente pode ser obtida.

No marketing digital, a melhor forma de se fazer isso é por meio dos depoimentos. Esses testemunhos, quando bem utilizados, podem até triplicar suas taxas de conversão. Funcionam assim nas igrejas atuais.

Como usar Gatilhos Mentais de Prova

Você deve utilizar este gatilho de três maneiras:

1. Provar que você mesmo consegue fazer o que prometeu;
2. Provar que outras pessoas além de você conseguem;

3. Provar que você consegue ajudar os outras a fazer o que está sendo prometido.

Só utilize os depoimentos de pessoas que sejam as mais parecidas possíveis com a maioria do público-alvo do seu projeto.

Seu objetivo nesta etapa é fazer a sua audiência pensar: se essas pessoas conseguiram, eu também consigo!

14. Gatilho Mental da Emoção

O maior erro ao se elaborar uma copy é acreditar que as pessoas são convencidas por meio da lógica.

Um antigo ditado diz, as pessoas agem pela emoção e só tentam justificar com a razão.

Um publicitário tenta chamar atenção para, em seguida, ter uma ação de compra. As pessoas agem muito mais quando estão emocionadas, do que quando estão raciocinando.

Logo, se a sua mensagem conseguir despertar emoções no seu público, seu trabalho de persuasão terá caminhado para uma venda bem feita.

Existem algumas emoções muito fortes Ganância, Medo e Culpa, que mereceram um gatilho para cada uma delas.

Como usar Gatilhos Mentais de Emoção

Ao produzir conteúdo de uma copy, tente não ser apenas lógico e racional. Sua mensagem precisa ser emocional.

Se for trabalhar com as emoções, utilize aquelas que afastam a pessoa da dor e em seguida as aproxime do prazer. Estes são dois sentimentos fortes que, inconscientemente estão por trás de decisões tomadas por nós.

15. Gatilho Mental da Simplicidade

Nosso cérebro sempre decidirá por fazer a tarefa mais simples. Isso é análogo ao ser humano. É uma das características evolutivas para economizar energia.

Para ativar este gatilho, transmita sua mensagem da maneira mais simples possível. Menos é mais. Se preciso, desmembre a mensagem em partes simplificando as explicações.

Como usar Gatilhos Mentais de Simplicidade

Nas suas copies, prefira utilizar a linguagem informal, com vocabulário próximo ao da seu público. Dê preferência à ordem direta e ao uso de palavras simples.

Se tiver que explicar alguma coisa, utilize passo a passo, listas, metáforas e analogias para simplificar o discurso.

A mesma situação é verdadeira, quando você for escrever um livro, mostrar seus produtos e toda a comunicação. Tente ser o mais simples possível para não afastar o público com termos complexos e desnecessários.

16. Gatilho Mental da Novidade

O termo mais utilizado no mundo na nossa era é inovação. Tudo muda o tempo todo. Parece até eu, em minha sala, toda hora mudando a mesa de lugar.

Modelos de carros mudam todo o ano. Smartphones ganham novos visuais e novas funções todo o tempo. A moda muda suas as roupas a cada estação. Tudo novo.

Isso não acontece por acaso, e nem se trata de avanços tecnológicos, mas sim por que todas as indústrias sabem de uma coisa: tudo que é novo vende.

De acordo com a psicologia, isso acontece porque nosso cérebro libera dopamina e aumenta nossa sensação de prazer.

A sensação de prazer ao comprar algo novo, o cheiro de um livro novo, uma técnica nova de vendas, um novo carro, causam esta sensação em qualquer ser humano.

Como usar Gatilhos Mentais de Novidade

Crie novas versões e edições de produtos, livros e serviços. Crie atualizações, inove todo o ano.

Quando você notar uma queda nas vendas, procure reformular o seu produto ou serviço, faça melhorias para o apresentar como uma nova versão. Inclusive, dar um novo nome ao produto e mudar sua comunicação para que tudo seja percebido como algo inovador.

Outra forma de se usar este gatilho é não deixar o seu produto à venda sempre, lance-o apenas três vezes por ano. Assim, a cada lançamento é uma novidade, ao menos para parte da sua audiência.

17. Gatilho Mental da Comparação

Como você decide se algo tem valor ou não? Em tese você compara este produto com outro produto da mesma categoria.

Você tem duas opções, ao fazer uma oferta:

A primeira é deixar que o seu público a compare onde quiser.

A segunda é orientar essa comparação mostrando um produto como referência.

Simplesmente colocar um produto mais caro ao lado do produto que é o foco de venda, aumentará drasticamente a quantidade de vendas deste.

O produto que antes os consumidores poderiam achar caro passa a ser notado como barato só por ter sido colocado ao lado de um produto mais caro ainda.

Nós não temos internamente um medidor de preços, e certamente não sabemos o que é caro ou barato sem comparar.

Logo, é o marketing que controla o valor percebido.

Como usar Gatilhos Mentais de Comparação

Para utilizar este gatilho, aponte uma referência para o seu público comparar.

Como não é legal comparar seus produtos com os do seu concorrente, apresente uma tabela de preços com dois planos de compra do seu produto: um que seja o seu foco de vendas e outro mais caro.

Isto feito, é só construir um valor que justifique esse alto valor, que pode ser até 10 vezes maior do que o valor do produto em si.

Por fim, revele o preço real e deixando aquela sensação de desconto ao comparar o preço final ao valor antes mencionado.

A comparação não deve se restringir apenas a preços. Você pode comparar características, benefícios e até mesmo a situações antes e depois de adquirir a oferta.

18. Gatilho Mental da Ganância

Ganância não é um dos sentimentos humanos mais agradáveis. É um sentimento que precisa ser considerado quando você elabora sua comunicação. Porque ele existe na natureza humana.

Quando você conseguir construir um valor tão alto, superior ao preço que se paga por ele, é neste momento que a percepção comprador se torna gananciosa.

As vezes compramos coisas, não que precisamos, mas porque estão de barbada. A ganancia precisa ser trabalhada, mesmo que você ache que é um sentimento asqueroso. Você também pode substituí-lo pela competitividade.

Crie um concurso, uma competição entre as pessoas da sua audiência. Caso elas se engajem, estarão motivadas a agir pelo desejo de obter os primeiros lugares. Chamamos isso de gamificação.

Como usar Gatilhos Mentais de Ganância

Para ativar o Gatilho Mental da Ganância basta construir para a sua oferta um valor muito maior do que o preço que será cobrado. O ideal é que o valor percebido seja 10 vezes superior ao valor cobrado.

Não dê descontos, mas se der, sempre justifique o motivo do desconto, pois pode demonstrar desespero.

19. Gatilho Mental do Medo

Chegamos nele, o medo. Outro sentimento feio dentro da gente, não devíamos ter medo de nada, mas já que ele existe. Vamos usar.

Muitas vezes não observamos uma oferta, até que, o medo de perde-la faz a gente comprar. É por conta do medo que gatilhos como o da Escassez funciona tão bem.

De acordo com especialistas, o que nos motiva não é o desejo ardente de prazer, mas pura e simplesmente o medo da dor.

Para utilizar o Gatilho Mental do Medo, você precisa identificar os medos, frustrações e ansiedades do seu cliente.

Como usar Gatilhos Mentais de Medo

O primeiro tarefa é identificar os medos, frustrações e ansiedades do seu público. Depois, fazer seu potencial cliente temer perder sua oferta e continuar tendo que enfrentar tudo.

Utilize a escassez, geralmente o gatilho do medo aliado ao da escassez, converte muito bem.

20. Gatilho Mental da Culpa

Ahh, o sentimento de culpa, ninguém gosta de carregar, mas muitos carregam.

Culpa por não dar a atenção devida a um filho. Culpa por ter quebrado uma promessa. Culpa por perder um compromisso.

Se conseguir deixar claro que o seu produto é uma maneira do seu público se livrar deste sentimento, suas chances de vender aumentam muito.

Como usar Gatilhos Mentais de Culpa

Identifique no seu público-alvo, este sentimento e demonstre que seu produto o livrará desta sensação pesada que é carregar a culpa nas costas.

Associe isso ao oferecimento de amostras grátis dando muita atenção de sua parte para com a pessoa. Quando você pedir uma ação, sua audiência pode se sentir culpada em não retribuir.

Escrito por RD Franz - Marketing Digital

CAPÍTULO VI
COPYWRITING

UM BOM COPYWRITING

Você definitivamente não precisa ser um mágico das letras, um super escritor para escrever boas campanhas, tudo no marketing é técnica, aprendendo a técnica, tudo fluirá, nem ser genial, um grande copywriter não é aquele que escreve tão bem que até poderia escrever um romance, tão pouco você precisará ser criativo.

Você já sabe, Carlos depois do alto sucesso alcançado, agora quer expandir. Quer que seu modelo de negócio vire uma franquia, e para isso pediu pra você criar uma linda LANDING PAGE - veremos mais sobre ela no próximo capitulo - e que essa página convença certo grupo de pessoas, que o negócio de restaurante do Carlos vai ser um sucesso nas cidades vizinhas. E pra isso, você vai ter que escrever um boa copy.

Mas calma, você vai poder aceitar esse serviço, porque eu vou te mostrar o fantástico mundo da escrita publicitária, que fará com que todos amem a forma como você apresentou Carlos a um grupo de interessados em sua franquia.

1. Acordos Progressivos

Fazer com que o público diga mentalmente sim à medida em que vai entrando contato com a mensagem é uma técnica de vendas não apenas no mundo online.

Essa técnica é conhecida como Progressive Agreements, ou Acordos Progressivos.

Para pôr em prática essa técnica, que é uma das mais efetivas, de copywriting, você deve compreender o que o seu potencial cliente irá pensar quando se deparar com o seu texto ou vídeo de vendas.

Um dos fundamentos da persuasão é construir um momento de concordância, para que quando chegue à sua oferta final, o seu público esteja mais propenso a dizer sim a ela.

Você pode utilizar os Acordos Progressivos da seguinte forma:

Você precisa _____?
Você quer _____?
O seu sonho é _____?
Então essa solução é para você.

O grande segredo para o Acordo Progressivo funcionar e isto vale para praticamente todas as técnicas de copywriting que veremos neste capitulo, alerto novamente: você precisa conhecer a sua persona.

Um dos fundamentos do copywriting é que você não deve enfiar ideias na cabeça das pessoas, mas sim utilizar os sentimentos e pensamentos para que elas mesmas criem as ideias.

Dito isto, esta primeira da lista de técnicas de copywriting tem como foco fazer com que o seu cliente encontre alguém que o entende e com quem ele concorde.

O que nos leva à segunda das técnicas...

2. Conexão emocional

Um dos diferenciais para a redação publicitária tradicional está na relação emocional criada entre o vendedor e o cliente.

Por isso a Conexão Emocional geralmente está no topo das listas de técnicas de copywriting.

Em resumo, o princípio desta técnica vem da ideia de que humanos concordam com quem eles admiram e confiam.

O que você precisa é reforçar no seu texto essa conexão com o público, da seguinte forma:

- Utilize-se de linguagem coloquial com o mesmo vocabulário da pessoa/cliente;
- Utilização de storytelling;
- Personalização do texto ao máximo de acordo com gênero, idade, localização e demais dados da público-alvo;
- Dê muita atenção ao responder dúvidas, comentários e demais interações;
- Elogios à ação por parte do potencial cliente.

A conexão emocional é considerada a técnica das técnicas no copywriting.

Por isso, ela deve ser utilizada a todo momento em conjunto com as demais técnicas de copywriting que veremos ao longo deste livro.

3. Headlines

A principal função de uma copy de vendas e de outros tipos de copy pode ser resumida em dois pontos:

1. Prometer algo extraordinário;
2. Provar que a promessa pode ser alcançada por meio do seu produto.

O local mais adequado para colocar a sua promessa extraordinária é no título da sua carta de oferta.

Os títulos são, provavelmente, os itens mais importantes entre as técnicas de copywriting.

Isso porque se você escrever um título que não prenda a atenção da pessoa, ela simplesmente não vai ler o seu texto, não vai abrir o seu vídeo, não vai comprar seu livro.

Um exemplo de aplicação desta e outras técnicas, pode ser encontrada na copy do produto Fórmula de Lançamentos.

"Você vai aprender como ter 6 dígitos de faturamento em apenas 7 dias"
"Faturar mais de 100 mil reais em apenas uma semana?"

Parece bom demais para ser verdade. E esse é exatamente o tipo de reação que o título do seu artigo, vídeo ou livro deve causar.

A questão é que essa promessa precisa ser comprovada ao longo do texto.

No caso do Fórmula de Lançamento, é feito através da demonstração de casos de alunos que conseguiram faturar mais de 6 dígitos de faturamento em 7 dias de vendas.

Veja algumas formulas para montar uma headline altamente eficaz.

Fórmulas de Headlines (Títulos):

1. Número + Adjetivo + Palavra-chave + Análise Racional + Promessa;
2. Número + Adjetivo + Palavra de Impacto + Verbo + Produto/Benefício Primário + Alvo + Promessa;
3. Palavra de Impacto + Gancho OU Benefício Primário + [Adjetivo – Opcional] + Verbo + Alvo + Promessa;
4. Palavra[s] de Impacto + Descrição + Característica + Verbo + Benefício Primário + Enquanto/Ao Mesmo Tempo/Sem;
5. Frase de Impacto + Benefício Primário + Tempo – Inimigos / Objeções;

Alguns exemplos de uso destas fórmulas:

1. 7 infalíveis técnicas sobre como escrever títulos que são clicados
2. 10 formas de como escrever títulos incríveis que vão fazer com que seu artigo seja cinco vezes mais clicado;
3. Revelado: um pequeno truque sobre como escrever títulos está assustando blogueiros que dobram sua audiência praticamente da noite para o dia;
4. Um truque estranho de como escrever títulos na metade do tempo enquanto se aumenta a taxa de retorno em 150% sem fazer clickbait

O Como

- Como [...] – O Guia Incrivelmente Completo;
- Como Acabar com [...];
- Como Assumir o Controle de Uma Vez Por Todas do Seu [...];
- Como [...] em 5 Minutos;
- Como Ser [...];
- Como Conseguir [...] Garantido;
- Como Fazer Para [...] Mesmo Que [Obstáculo Comum];
- Como Fazer [...] Sem Gastar uma Fortuna;
- Como Você Pode [...] Enquanto Você [...];

- Como [...] Em Um [...];
- Como [...] Que os Seus Leitores Irão Amar;
- Como Usar [...] Para [...];
- Como [...] em 2020;
- Como [...] – O Guia Definitivo;
- Como Ser Esperto Num Mundo de Escritores [Ofensa (Ex: incompetentes)];
- Como Eliminar um [...] Sem [...];
- Como [...] e Também [...].

As Listas

- 101 [...] para [Evento/Causa/Processo];
- [número] Recursos Incríveis Para [...];
- As 10 Melhores [...]
- [número] Segredos Sobre/Dos [...] Que Todos [Seus Clientes] Deveriam Saber;
- [número] Razões Incomuns Para [...];
- [número] Erros Que a Maioria dos [Seu Cliente] Fazem [Em Alguma Situação – E Como Evitá-los;
- As [número] Leis Do/Para [...];
- [número] Passos Para [...];
- Fique/Consiga/Seja [...]! [número] Ideias que Realmente Funcionam;
- [número] Fatos Que os Seus [Audiência] Precisa Que Você Diga a Elas;
- [número] Dicas de [...]: O Guia Definitivo Para [...];

- [número] Fatores Pouco Conhecidos Que Podem Afetar o Seu/Sua [...];
- [número] Macetes/Dicas para Você [Finalizar tarefa chata] em Tempo Recorde.

As Urgências

- Se você não [ação] agora, você irá se odiar depois
- Não tente [algo] sem [ação desejada] primeiro
- Quanto mais cedo você soube [espaço] melhor...

As Mentiras

- A surpreendente verdade que nunca contaram a você sobre [assunto]
- A Grande Farsa: [...]
- 7 Mentiras Que [Grupo de Pessoas/Empresa] Gosta de Contar
- A Maior Mentira na [sua indústria]
- A Verdade Chocante Sobre [...]
- 10 Verdades Que o Seu/Sua [Pessoa/Empresa de Confiança] Jamais Lhe Dirá

O que fazer

- Por que [assunto de senso comum] não funciona... E o que fazer a respeito

- O Que Fazer Se [Situação Específica e Emocional Acontecendo]
- O que é melhor? [assunto A] ou [assunto B]?

As Referências

- O que [pessoa influente] pode nos ensinar sobre [assunto]
- Será Que Nós Realmente Podemos Confiar No/Na [Pessoa/Empresa/Produto]?
- [Faça Algo] Como [Pessoa Famosa]: 20 Maneiras Para [...]
- As 20 Melhores Dicas do/da [Pessoa Famosa] Para [...]
- O/A [Referência Mundial] Escola de [...]
- O/A [Referência Mundial] Guia para [...]
- Os Segredos dos [Grupo Famoso]
- O Que [Referência Mundial] Pode Nos Ensinar Sobre [...]
- A anatomia do [assunto] perfeito

As Ameaças

- O Quão Seguro É O Seu [Pessoa/Objeto Valioso] Contra [Potencial Ameaça]?
- 10 Sinais de Aviso Que [...]
- Aviso: [...]

- Como [Alguém/Algo] Está Apostando Com Seu/Sua [...]: 8 Maneiras de Você Se Proteger
- [Seus Clientes], Cuidado: A Nova Farsa Com [...] Que Você Deve Evitar
- Se [Situação Específica e Emocional Acontecendo], Então Talvez [Seu Pior Medo Seja Verdade]
- Você sabe quais são os [número] primeiros sinais de alerta de [algo]?

Os Erros

- Você Também Comete Estes 9 Erros Quando/Na Hora de [...]?
- 8 Erros Bobos Que Você Faz em [...] que Fazem Você Parecer um Idiota
- 10 Erros no Seu [...] Que Fazem Você [Parecer/Falar] Como um [...]
- [...]: 12 Erros que Você Não Sabe que Você Está Cometendo

As Praticidades

- O Zen do [...]
- Cansado!? 9 Maneiras Fáceis de Simplificar o Seu [...]
- O Guia Simples e Prático Para [Problema Gravíssimo] De Uma Vez Por Todas

- Livre-se de [Problema Recorrente] de Uma Vez por Todas!
- Segredos poucos conhecidos sobre [assunto]

Ainda com relação a headlines, vamos ver uma das técnicas de copywriting pouco conhecida.

4. Post Scriptum

Nos capítulos sobre marketing e copywriting, espero que tenha ficado claro que um dos grandes fatores desse tipo de publicidade é a possibilidade de testes e medições.

Pois foi testando e medindo que os escritores publicitários observaram uma coisa: boa parte do seu público liam sempre a headline e o Post Scriptum.

Aquele P.S. que sempre aparece ao final de muitos e-mails marketing, conhecem? Ou até mesmo em cartas de oferta.

Ele está ali por um simples motivo, as pessoas leem, e leem sempre. Se você usar este local, para levar o leitor de volta para o texto? Já pensou o quanto de informação relevante ele pode acompanhar?

Com ferramentas de análises de métricas na internet, observou-se um comportamento comum: os leitores abrem um artigo, leem o título, rolam para baixo visualizando alguns subtítulos, e leem o P.S.

Foi ai que surgiu esta técnica de copywriting: escrever um P.S. estratégico com dois objetivos finais:

- Finalizar a copy, mostrando no P.S. que a promessa da headline foi cumprida;
- Gerar a curiosidade do leitor para voltar a ler a copy inteira.

Seguindo esta técnica, você deve dedicar no P.S. a mesma quantidade de tempo e de energia que gasta ao criar suas headlines.

Veja um exemplo de P.S.:

P.S: Muito mais do que dinheiro, quando li o capítulo 4 deste texto, tive a certeza que iria conquistar a liberdade e poder estar com minha família em tempo integral, trabalhando só 2 horas por dia. E que, o meu site trabalha por mim. Além de construir uma renda de 8 mil reais por mês.

Este é um exemplo de P.S. estratégico. Fazendo com que o leitor, volte ao texto, para entender como o autor/escritor publicitário sentiu.

5. Future Pacing

Não é só criar uma headline com uma promessa extraordinária. E pronto, está conquistada a venda.

Como as pessoas compram com o coração, seu texto precisa criar, com palavras, um quadro mental da pessoa depois que ela tiver a solução ofertada.

É possível utilizar a técnica do Future Pacing, caso esteja vendendo um motor home, dizendo algo assim:

Imagine você podendo estar um dia em cada lugar, sem se preocupar com vizinhos.

Imagine ter a liberdade de viajar e estar em casa ao mesmo tempo.

O segredo para aplicar esta técnica da maneira correta é criar uma imagem mental da situação resolvida, do estilo de vida desejado, do sonhos realizado.

Inclusive podemos unir Future Pacing com Acordos Progressivos, desta forma:

- Você não está cansado de ter o vizinho pidão todos os dias?
- Não seria ótimo ter acordar na praia agora mesmo?

- Imagine como seria sua vida se pudesse levar sua casa junto com você, não seria ótimo?

Outra dica é criar âncoras para essa visualização do futuro.

Um exemplo prático de Future Pacing com âncora pode ser visto no famoso discurso de Martin Luther King.

Ele desenha o futuro na mente de seu público repetindo o termo "I have a dream".

Eu tenho um sonho de que um dia, esta nação se erguerá e viverá o verdadeiro significado de seus princípios: "Achamos que estas verdades são evidentes por elas mesmas, que todos os homens são criados iguais".

Eu tenho um sonho de que, um dia, nas rubras colinas da Geórgia, os filhos de antigos escravos e os filhos de antigos senhores de escravos poderão sentar-se juntos à mesa da fraternidade.
Eu tenho um sonho de que, um dia, até mesmo o estado de Mississipi, um estado sufocado pelo calor da injustiça, será transformado num oásis de liberdade e justiça.

Eu tenho um sonho de que meus quatro filhinhos, um dia, viverão numa nação onde não serão julgados pela cor de sua pele e sim pelo conteúdo de seu caráter.

Repetir um mesmo termo como âncora é útil por prender a atenção do leitor, ouvinte mantendo o foco na visualização do futuro. Levando a sua audiência a te acompanhar.

6. Pattern Interrupt

Copies rentáveis, geralmente, começam mais ou menos assim, quebrando padrões:

Olá, eu sou Rodrigo e agora você pode estar se perguntando o que raios esse botão vermelho tem a ver com emagrecimento comprovado.

Esse é um exemplo prático de uma das técnicas de copywriting mais utilizadas no Brasil. Ela começa com a quebra no padrão de expectativa de leitura.

O objetivo dela é despertar a atenção do público para o que vem a seguir.

Essa interrupção de padrão pode ser utilizada logo no começo ou durante o texto, sempre que você quiser reviver a atenção de alguém.

Esta estrutura pode ser usada no começo de vídeos e textos.

- Olá, meu nome é _____ e isso é uma [quebra de padrão]

- Em 2 minutos, você vai descobrir porque essa [quebra de padrão] é o segredo para que você possa vender mais;
- Ainda curioso? Continue assistindo esta vídeo que eu já vou revelar para você o que uma coisa tem a ver com a outra.

Já durante a copy, existem diversas formas de se utilizar a interrupção de padrão:

1. Faça alertas de ameaças iminentes;
2. Acelerar a leitura do conteúdo;
3. Editar cortes rápidos de câmera;
4. Realizar mudanças inesperadas de cenário;
5. Apresentar imagens que fujam do padrão da apresentação;
6. Destacar parágrafos ou linhas com grifos, espaçamentos, sublinhados etc.

Quaisquer um desses recursos é válido, desde que ele cause a sensação de interrupção de padrão.

Só não exagere, usar esta técnica pode frustrar sua audiência e acabar por dispersar o público, tornando seu vídeo ou texto chato.

Escrito por RD Franz - Marketing Digital

7. Loops Abertos

A técnica dos Loops Abertos consiste em criar expectativa no leitor dizendo o que está por vir, mas sem revelar o final.

O objetivo dessa técnica é manter a sua audiência acompanhando a sua copy.

Os exemplos de interrupção de padrão, que citei acima também se aplicam a técnica dos Loops Abertos:

- Olá, meu nome é _____ e isso é uma [quebra de padrão]
- Em 3 minutos, você vai descobrir porque essa [quebra de padrão] é o segredo para que você possa [objetivo]
- Ficou curioso? Então continue vendo essa pequena apresentação que eu já vou revelar para você o que uma coisa tem a ver com a outra.

Nesse exemplo, a copy fala do que vai acontecer, mas deixa a conclusão no ar. E antes de fechar o loop, apresentará outros conteúdos. Use pistas de tempo para incrementar a comunicação de Loops Abertos.

No exemplo, em que uma copy fala que *"Em 3 minutos, você vai descobrir..."*.

Três minutos parece ser um tempo razoavelmente bom para que sua audiência espere para assistir/ler o desfecho daquele loop. Mesmo que isso não venha exatamente em 3 minutos. O tempo não é importante, fechar todos os loops sim, é fundamental.

Isso nem sempre acontece dentro de uma mesma peça publicitária. Como exemplo, a "guerra" comercial entre o McDonalds e o Burger King.

Onde a saga, de um causar travessuras ou pegadinhas no concorrente, de forma mais sútil, fazendo a publicidade de ambos os restaurantes.

Isso também é bastante utilizado em sequências de e-mail marketing, quando o autor antecipa algo que vai falar nos próximos e-mails.

Um bom exemplo, é as séries e novelas de tevê, que se utilizam deste recurso para, num próximo capitulo, trazer o desfecho.

8. Bullet Points

Um fato que é conhecido por todos: o público adora listas.

Até mesmo aquelas pessoas, que só passam a vista por cima de textos na internet, costumam ler todas as listas.

Por conta dessa inerente atitude humana, boas copies costumam apresentar suas promessas em forma de Bullet Points.

Isso iniciou nas copies escritas e acabou sendo aplicada em vídeos no Youtube. Quem não conhece o listas 10.

O objetivo dessa técnica consiste em construir uma lista que prometa os benefícios do produto ou serviço ofertado, de forma tão interessante que, só de ver essa lista, o público fique com vontade de comprar o produto.

Para isso, você pode utilizar as mesmas técnicas e modelos de headlines que apresentei nas das técnicas de copywriting acima.

Crie Bullet Points que mostrem benefícios, que gerem autoridade, que criem curiosidade e que provem o que você está prometendo pode ser realizado.

Assim como títulos devem ser sucintos, não esqueça que estes Bullets Points, tem que ser curtos e concisos. E explicar o texto sob eles.

9. Depoimentos e Citações

É aqui que o escritor publicitário vai provar suas promessas, é neste ponto que o leitor vai se identificar e se você lembra bem do que disse, algumas páginas atrás:

1. Prometer algo extraordinário para o público-alvo
2. Provar que tal promessa pode ser alcançada por meio da solução ofertada

A melhor forma de provar que suas promessas são cumpridas é por meio de depoimentos!

É aqui que o efeito manada trabalha a seu favor, é aqui que competição ou o desejo de realizar algo acontece. Através de depoimentos muitas pessoas pensam: - Se ele consegue, eu também consigo.

O objetivo dos casos de sucesso é mostrar uma prova factível de que a sua solução funciona. Simples assim.

Isso vai acontecer sempre que os depoimentos venham de pessoas muito semelhantes aos seus leitores, quando mais eles se identificarem, mais eles tomarão a ação que você deseja. Comprar por exemplo, ou assistir seu vídeo.

Para montar um bom depoimento você pode seguir o roteiro abaixo:

1. Conte o resumo da sua história?
2. Qual era o seu problema antes de conhecer o meu produto? Como você se sentia?
3. Como você conheceu o meu produto e como decidiu dar um voto de confiança a ele?
4. Conte um pouco sobre as dificuldades que você teve ao aplicar o produto?
5. Que resultados e transformação o produto trouxe para a sua vida? Como você se sente agora?
6. O que aconteceu na sua vida que você nunca imaginou que seria possível após obter os resultados através do meu produto?

10. Inimigo Comum

Usar um inimigo comum em seu texto, facilita por exemplo, que a pessoa se sinta culpada por ter um certo problema, mesmo sendo esta a melhor forma de conversão, o estado de negação, pode fazer com que a pessoa com abandone seu texto. Qual a solução para isso?

Vamos deixar claro que, sim, ela tem um grande problema. Mas que a culpa não é dela. De quem seria a culpa, então?

De um inimigo comum. De alguma mentira, algum mito comum em seu nicho de mercado.

Você precisará identificar esta grande mentira, e mostrar que o que parecia ser verdade, na verdade não funciona. E isso leva ao problema da pessoa.

No nicho de emagrecimento, por exemplo, existe o mito de que para emagrecer basta comer menos calorias do que se gasta.

Todas as pessoas neste nicho já tentaram essa estratégia e quase ninguém teve sucesso, simplesmente porque esse é um mito já refutado pela ciência.

Então, um bom texto iria explorar essa grande mentira e jogando a culpa do insucesso para um inimigo comum.

Inimigo contra o qual o autor e o leitor vão se unir, por meio do produto vendido.

11. Intimidação

Na publicidade (digital ou tradicional) a crueldade existe. Não vamos passar a mão por cima, e dizer que ela é uma santa.

Esse lado negro é o que insere a ideia, na mente do público, uma insatisfação. E faz surgir um desejo de mudança que só pode ser conquistado pela compra, pela ação, por uma conversão.

Um escritor publicitário experiente sabe que, se não pressionar de forma sutil, dificilmente vai converter.

Sem esta pressão, as chances de que o potencial cliente deixe para decidir depois, são enormes. E como diz o ditado, não deixe pra depois o que pode fazer agora, porque se o cliente não comprar agora, ele dificilmente comprará depois.

Para que isso não ocorra, escritores da publicidade, em determinados momentos utilizam a técnica da Intimidação.

Eles forçam o cliente sentir a sua própria dor e logo depois mostram que possuem a melhor forma de resolver aquele problema. Eles colocam o dedo na ferida, machucam um pouco, e este é o objetivo.

Ao fazer com que o público-alvo sinta que precisa de ajuda e, principalmente, que não vai conseguir resolver o problema sozinho de forma tão efetiva. Ele está utilizando a intimidação. E não há nada de errado em usar isso.

Evidentemente que você deve ser sutil, agressivo mas sutil. Faça como algumas espécies de morcego, que a sua saliva é analgésica, não permitindo que a vítima, sinta que está sendo sugada.

Eu sei, foi um exemplo bem agressivo, mas não se sinta culpado, esta técnica é usada por todo mundo que trabalha com marketing digital.

12. Demonstração ROI

Você compraria uma nota de 100 reais por 10 reais?

Um bom escritor publicitário vai ter que inserir este pensamento que você teve ao ler o trecho acima. Basicamente, colocar a ideia que o valor percebido extrapola 10x mais o preço de venda. Colocar na cabeça do cliente que o ROI é mensurável. Fazendo a demonstração do mesmo em seu texto.

Se o seu produto pode trazer retorno financeiro para o seu cliente, então você pode aplicar esta técnica.

Ela consistem em demonstrar matematicamente que adquirindo o seu produto, ele estará na verdade crescendo financeiramente. E ele terá retorno.

Por exemplo, um curso online de técnicas de escrever e-mails vendido por 5 mil reais que ensine como gerar 50 mil reais com uma sequência de e-mail marketing.

Ou um curso de capacitação que garanta uma promoção profissional que pague o valor investido no curso em apenas três meses.

Uma das maiores objeções nas vendas é o preço, com esta técnica, podemos facilmente derruba-la.

13. Ancoragem de Preço

Uma das técnicas mais utilizadas na atualidade é a Ancoragem de Preço, durante pré-lançamentos o autor pode exibir preços bem maiores, informar só de passagem que o valor de um livro será de 100,00 reais por exemplo, porém no dia do lançamento, ele sai por 50,00.

Na cabeça de quem acompanhou aqueles conteúdos de pré-lançamento, o livro agora estava sendo vendido por um preço incrível. Com 50% de desconto!

Ora, isso nunca aconteceu na verdade. O que o texto de pré-lançamento fez foi ancorar um preço mais alto na mente do público-alvo, para depois apresentar um valor real, mais barato.

Porém cuidado, esta técnica não funciona se o valor percebido não for superior ao preço ofertado.

Especialistas dizem que o ideal é que o texto gere um valor até 10 vezes maior do que o preço final.

No final, o preço total do livro deve ser menor do que a percepção de valor, gerando aquela sensação de desconto, de me dei bem.

14. Três Opções Derradeiras

Ao final de seu texto publicitário, após gerar valor percebido, apresentar o preço, você terá que dar ao leitor, opções. As opções derradeiras.

Agora você tem que explica-las. Segue as 3 opçoes:

1. Simplesmente ignorar tudo o que foi dito e continuar com o problema atual;
2. Tentar resolver o problema por conta própria, gastando mais tempo, mais energia e quem sabe até mais dinheiro;
3. Tomar a decisão inteligente e comprar a solução que resolve o problema;

É neste ponto que você estará usando a chamada para ação(CTA). A decisão de compra com base nas Opções Derradeiras apresentadas.

15. CTA

CTA é a sigla em inglês para Call To Action, ou Chamada para Ação.

O CTA é a forma de pedir explícita e claramente o que você quer que o prospecto faça: uma compra, um cadastro, um comentário etc.

IMPORTANTE: Seja o mais específico possível.

Existem três tipos de CTA que funcionam muito bem:

1. Se __ e __ então __.
   Exemplo: Se você quer [benefício] e [benefício], então esse treinamento é para você. Clique no botão verde abaixo deste vídeo e se inscreva!

2. Para você ter/ser [benefício] + [benefício].
   Exemplo: Para você ter muito mais vendas do que tem hoje se sentindo confiante mesmo com os clientes mais difíceis, é só clicar no botão verde abaixo deste vídeo e fazer a sua inscrição.

3. Para [estado desejado] sem [dor] basta [ação].
   Exemplo: Para que você consiga vender a qualquer cliente sem sentir nervosismo ou ansiedade, basta

clicar no botão verde abaixo deste vídeo e se inscrever no treinamento".

Não pense que se usa o CTA só para finalizar uma venda, você tem que utilizar para toda e qualquer ação que você quer que seu cliente tome.

Como exemplo, no primeiro parágrafo de um texto é recomendável que você utilize uma CTA pedindo que a audiência leia o texto ou assista ao vídeo até o final se quiser obter algum benefício.

Uma forma de fazer com que sua audiência atenda aos seus comandos é usando o gatilho mental da reciprocidade.

16. Amostra Grátis

Sabe quando você vai a um mercado e o vendedor te oferece uma provinha daquela comida, só para te deixar com vontade de comer mais?

Esta técnica de Ensinar sem Ensinar, nos seus conteúdos gratuitos, ensinar o quê seu público precisa fazer para resolver determinado problema, mas sem de fato ensinar como.

Siga a estrutura abaixo para ter sucesso ao usar esta técnica:

1. A dica do que fazer em caso de: a copy cita um caso específico de problema do público-alvo e dá uma dica do que deve ser feito para solucionar a questão, mas sem ensinar exatamente como fazer isso.
2. A dica de fazer do jeito certo: aqui é preciso encontrar alguma coisa que pessoa faça certo, mas do jeito errado. A dica ensina o que deve ser corrigido para chegar ao resultado desejado, mas sem ensinar como tal correção é feita.
3. A dica do que evitar: essa dica está relacionada com a técnica do Inimigo Comum. Você deve explicar o que deve ser evitado no seu nicho de mercado, mas sem ensinar como se evita tal problema.

O escritor tem que ter habilidade aqui para não entregar mais do que o necessário.

A amostra grátis não pode encher a barriga, mas os olhos de quem está comprando, despertar o desejo de adquirir o produto. Se entregar mais do que o necessário, ele não comprará.

17. Bônus Estratégicos

Quando o marketing de conteúdo começou a se popularizar na internet brasileira, era comum ver ofertas de produtos que continham cinco, dez até vinte bônus. Chegando ao ponto de que, qualquer produto encalhado, tornava-se bônus.

Mas oferecer bônus sem uma estratégia pode ser um tiro no pé, não acrescentando nada e também pode diminuindo suas conversões.

Escolha com cautela e estratégia, bônus exagerados podem criar objeções.

Veja alguns tipos de bônus populares, e devem ser oferecidos de forma estratégica ao seu cliente.

Bônus Retorno do Rei: é o bônus que tem valor percebido maior do que o próprio valor do produto principal, fazendo a oferta parecer uma barganha. Por exemplo, uma consultoria individual com um empreendedor reconhecido em um curso online de gestão empresarial.

Bônus Matador de Objeções: se você identificou alguma objeção que não é resolvida pela sua oferta, pode criar um bônus especificamente para solucioná-la.

Bônus para Problemas Futuros: é um bônus voltado para solucionar novos problemas que surgirão quando seu público utilizar com sucesso a solução ofertada. Esse tipo de bônus é estratégico por já pressupor que o seu cliente terá sucesso ao utilizar o seu produto ou serviço. Por exemplo, um curso sobre como lotar um consultório odontológico pode oferecer como bônus um aplicativo de gestão de clientes para dentistas.

Além desses três tipos de bônus listados, você pode utilizar os bônus estrategicamente para ativar o gatilho mental da escassez.

Por exemplo, ao lançar um produto, você pode oferecer determinado bônus somente para os 100 primeiros compradores. Ou para quem comprar no primeiro dia.

18. Garantia

No marketing digital, oferecer garantias é extremamente importante, se não a mais importante. Se você está começando a criar autoridade e relação de confiança com o seu público, precisará dar garantias.

O mais comum em copies por ai, é usar a seguinte garantia.

Use este produto por 10 dias, se não gostar devolvemos o seu dinheiro, sem perguntas e sem enrolação. E você ainda pode ficar com o produto.

Uma garantia mais aprimorada é aquela que é aliada à obtenção de resultados. Você pode prometer que, se sua solução não entregar o que promete, você devolve o dinheiro investido e ainda dá algo a mais.

Use este produto por 10 dias, se não gostar devolvemos o seu dinheiro, sem perguntas e sem enrolação. E você ainda pode ficar com o produto. E mais, 110% do seu investimento.

No uso desta técnica, deste tipo de garantia, o cliente precisa mostrar que utilizou a solução conforme indicado, porém não obteve resultados.

O pulo do gato aqui, para a garantia gerar conversão é fazer o cliente sentir que você está assumindo todos os riscos. E que o risco para ele é zero.

Centenas de estudos e testes de copywriting mostram que o público paga por algo garanta resultados, sem objeções.

19. Repetição, Redundância e Pleonasmo

Quem não se lembra dos comerciais de tevê que repetiam a mesma mensagem diversas vezes? Um bom exemplo, a propaganda "Compre Batom".

E algo chamava a atenção em todos eles: a quantidade de vezes que uma mesma informação era repetida.

Os benefícios de produtos como Meias Vivarina, e Ab Shaper eram martelados na cabeça de quem assistia quase toda criança já tinha decorado.

Esta técnica é utilizada por um simples motivo, ela funciona, e funciona muito bem.

Você deve repetir, sempre que julgar necessário, em sua copy as garantias, os bônus, os pontos fortes e positivos.

Isso não significa que você deva criar um texto chato e repetitivo. Você deve, sim, repetir as informações de maneira criativa, variando a forma como a mensagem é transmitida.

Cinco formas que uma mesma informação pode ser repetida, sem ser chata.

Discurso direto:
A Shake vai deixar você com o abdome definido em 4 semanas com apenas 1 refeição por dia!

Discurso indireto:
Eu sou o Jorge e consegui ter o abdome definido em um mês com 1 refeição equilibrada com o Shake!

Exemplo:
Esta é uma foto do Jorge antes e 4 semanas depois de tomar 1 copo por dia do Shake!

Storytelling:
Durante cinco anos, Jorge fez diversas dietas e ia uma academia sem nunca perder sua barriga. Mas depois de utilizar o Shake 1 vez por dia durante 4 semanas, ele finalmente perdeu a vergonha de tirar a camisa na praia.

Argumento de Autoridade:
Pesquisa da USP mostra que exercícios abdominais com o uso do Shake diminui o tempo de obtenção de resultados para apenas 4 semanas.

Repetir informações com criatividade trazem de fato resultados. Alie isso a um bom vídeo, uma boa história e a taxa de conversão é muito maior.

20. Sinestesia

Estudos apontam que existem pessoas que são mais visuais, enquanto outras são mais auditivas. Outras preferem o toque, e outras preferem o paladar ou olfato. Está técnica se baseia em explorar todas estas modalidades.

De modo geral, esta técnica explora os 5 principais sentidos do ser humano.

Para as mais visuais, imagens, vídeos, gráficos e escreva textos que construam uma imagem na cabeça do seu público-alvo.

Já para os mais auditivos, use sons (no caso de vídeos) ou escreva textos que mencionem barulhos comuns do seu nicho de mercado.

Para explorar o tato, a copy pode descrever sensações que ocorrem em determinadas situações conhecidas do público-alvo.

Por exemplo, em um produto para ciclistas, a copy pode mencionar a sensação do suor escorrendo pela face ou do vento batendo na cara em uma prova de velocidade.

O mesmo pode ser feito para olfato (Aquele cheirinho de terra molhada quando a chuva cai...) e para o paladar (Dá até para sentir o gostinho do chocolate derretendo na boca...).

Nesses três últimos casos, sempre é bom combinar o texto com imagens que reforcem o que está sendo descrito.

Agora, se você está lendo com atenção, deve ter percebido que eu mencionei diversas vezes alguns gatilhos mentais que já explicamos no capítulo anterior, que você com certeza, pode revisar agora mesmo.

Você ainda vai ver neste livro, como termina a história de Carlos, e a Agência de Marketing Digital que está atendendo ele nesse projeto. Parece que Carlos, conquistou os tão sonhados franqueados, e expandiu seu restaurante até para a capital, onde está se tornando referência em atendimento e pratos à base de frutos do mar.

Porém surgiram alguns problemas, e Carlos precisa resolver, antes que tudo vá pro brejo. Uma forte concorrência apareceu, criou um aplicativo e está o Google Ads para se promover, investindo muito dinheiro para gerar muita autoridade e crescimento no mesmo público-alvo, de Carlos. E agora?

Carlos não está convencido de que investir em publicidade lhe dará retorno, e você precisa mostrar dados que esta é uma boa solução, um pequeno investimento Google Ads para que seus clientes, que já o visitaram, ou que ainda não o conhecem venham desfrutar os seus pratos feitos com amor.

Calma, grandioso marqueteiro. Vamos fazer uma viagem no mundo das buscas e entender SEO e GOOGLE ADS.

CAPÍTULO VII
SEO E GOOGLE ADS

Chegamos a parte que mais adoro falar, sobre SEO e Google Ads, não sei se você está familiarizado com esses termos, mas vou explica-los detalhadamente quando começar a desdobrar o assunto.

Sabemos que Carlos tem um problema, e que precisa de uma solução rápida, enfrentar um grande concorrente que está massivamente investindo em publicidade paga no Google Ads, e Carlos tem que agir rápido, os clientes estão desaparecendo aos poucos de seu estabelecimento.

A sua leal parceira, a agência está se preparando para contra-atacar, e está estudando o melhor caminho, mas ela também não pode demorar a apresentar um solução. Ela tem que decidir logo, se vai usar Google Ads ou SEO.

SEO

Os mecanismos de busca estão se tornando cada vez mais inteligentes. O Google agora responde a mais consultas diretamente nas páginas de resultados e o número de consultas de pesquisa ativadas por voz está aumentando. Operadores de sites estão preocupados que isso possa mudar drasticamente sua estratégia de otimização.

Por esse motivo, compilamos a seguinte visão geral com todas as importantes tendências de SEO para você.

1. Snippets em destaque

Se você olhar para as páginas de resultado dos mecanismos de busca hoje, perceberá que elas receberam muita "concorrência". Por um lado, os anúncios do Ads ocupam muito espaço nas consultas de pesquisa comercial. Dependendo do tipo de consulta de pesquisa, os anúncios de compras com imagens ou um bloco de quatro anúncios com anúncios de texto também são colocados na frente dos resultados da pesquisa orgânica.

Outros "competidores" do rankings são:

- Pacotes locais
- Gráfico de conhecimento
- Snippets em destaque
- Notícias do Google
- Imagens do Google
- Youtube Vídeo Pack

Os snippets em destaque continuarão a ter um papel importante em 2019 e 2020. Eles satisfazem a necessidade do usuário por respostas simples a uma pergunta. Os trechos exibidos são de sites que o Google interpreta como adequados para responder à pergunta do usuário.

No entanto, resta ver como o Google lida com a confiabilidade das páginas usadas. O Google já começou a criar um gráfico de conhecimento para muitas consultas, usando dados da Wikipédia para fazer isso. No mundo de língua inglesa, o Google está muito à frente quando se trata de responder perguntas. É aqui que o mecanismo de pesquisa mostra as caixas "Pessoas perguntam", que podem ser clicadas diretamente pelos usuários.

Dica prática: será ainda mais difícil ficar visível nas primeiras posições das SERPs. Para a otimização do seu site, você precisa ser ainda mais estratégico sobre quais metas você deseja alcançar e quais são atingíveis.

Se você deseja ser classificado com o seu conteúdo nos Snippets em destaque, especialmente quando se trata de questões de conhecimento, considere a possibilidade de colocar sequências de perguntas e respostas na página. Tabelas com informações estruturadas também podem fornecer uma listagem acima dos resultados orgânicos. Mesmo que a disputa pelas posições de topo se torne mais acirrada, no que diz respeito aos snippets em destaque, os sites "menores" também têm uma boa chance de classificações altas se fornecerem respostas bem estruturadas que o Google possa usar.

Portanto, em 2020, você deve se perguntar cada vez mais o que seu grupo-alvo deseja saber ao pesquisar na Web ou o que deseja abordar em sua pesquisa. Quanto mais você atender a essa necessidade com seu conteúdo, melhores serão suas chances de classificação.

2. Dados estruturados

Com a evolução das SERPs, o Google está acessando cada vez mais material de dados. Hoje, o Google também é capaz de criar suas próprias metacontas significativas a partir do conteúdo existente. Além disso, o gigante dos mecanismos de busca usa dados estruturados para criar rich snippets. Como o espaço disponível se tornou menor devido a uma mudança na organização dos anúncios, você deve criar trechos atraentes.

Observe que homepages não podem obter trechos de revisão, apenas páginas internas. Os rich snippets podem aumentar significativamente a taxa de cliques (CTR) do seu website. Algumas fontes dizem que isso pode aumentar em até 30%, mas nunca vimos mudanças tão altas em todos os sites sob nossos cuidados.

O Google precisa de dados estruturados para que os rich snippets possam ser exibidos.

Dica prática: marque seu conteúdo da melhor maneira possível. Aqui você tem diferentes possibilidades à sua disposição, sendo a principal delas o próprio site do Google no schema.org.

3. Experiência do usuário

Quem fala hoje em "search engine optimization" é na verdade anacrônico. Afinal, não otimizamos para mecanismos de pesquisa, mas para usuários de mecanismos de pesquisa e sites. Por esse motivo, a experiência do usuário desempenha um papel cada vez mais importante.

Os seguintes pontos de partida para a otimização OnePage devem, portanto, também está na sua lista de tarefas.

Velocidade de carregamento: Com ferramentas como o gtmetrix, você pode verificar os tempos de carregamento de suas páginas da web. Você também pode usar a ferramenta gratuita PageSpeed do Google para avaliar o desempenho de seu site. Nós criamos um guia para você como você pode otimizar o tempo de carregamento da sua página.

Sites tecnicamente perfeitos: os usuários estão se tornando cada vez mais exigentes e devem poder confiar que suas páginas também podem ser usadas.

Otimização para dispositivos móveis: na maioria das áreas, mais da metade de todas as consultas de pesquisa agora são feitas em smartphones ou tablets. Isso torna ainda mais importante atender a essa necessidade do usuário.

4. Velocidade da Página

Otimização para dispositivos móveis é o padrão para criar novos sites hoje. Com o Accelerated Mobilie Pages (AMP) e os Progressive Web Apps, o Google mostra como tornar sua página para celular ainda mais rápida.

Os AMPs já são parte integrante do Google SERPs. Espera-se que o tema "AMP" ganhe ainda mais força nos próximos, mas nem todo site deve usá-lo, devido a suas limitações. Os AMPs geralmente são desprovidos de imagens e estrutura e consistem em texto puro, motivo pelo qual essas páginas são carregadas tão rapidamente.

Aplicamos a AMP antes e a removemos depois, mas os sites de notícias realmente precisam dela hoje, porque ela coloca os artigos de notícias no carrossel de notícias do Google no topo dos dispositivos móveis.

5. Conteúdo

Embora os algoritmos do Google estejam cada vez melhores, ainda precisam de conteúdo na forma de texto para determinar a relevância das páginas da Web para uma consulta de pesquisa. O Google fez melhorias enormes na análise de conteúdo textual nos últimos anos e usa a tecnologia mais recente com o Rankbrain para entender melhor o conteúdo.

Este salto de qualidade vai continuar, à medida que o sistema aprende sozinho. Portanto, seu objetivo deve continuar sendo oferecer o melhor conteúdo do seu "tópico" na web.

Dica prática: verifique seus textos continuamente e certifique-se de que eles permaneçam únicos e ofereçam valor agregado. Análises de contador de palavras podem apoiá-lo na análise e redação de textos. Eles mostram quais termos o texto deve conter para que se torne o mais relevante possível em relação a um termo de pesquisa. Certifique-se de não incluir palavras-chave nos seus textos. Ainda vemos muitos sites que fazem isso.

6. Pesquisa por voz

Já em 2014, o Google determinou em um estudo que mais de 40% dos entrevistados usam a pesquisa na web controlada por voz. Para os adolescentes, a taxa foi ainda maior que 50%. Segundo o Google, a cada quinta consulta de pesquisa em dispositivos móveis é agora feita via entrada de voz. Devido ao uso crescente de assistentes digitais e dispositivos domésticos inteligentes, os usuários provavelmente usarão recursos como "Pesquisa por voz" com mais frequência.

Dica prática: como os usuários se comunicam diretamente com o mecanismo de pesquisa em pesquisas controladas por voz, você deve se concentrar mais em palavras-chave longtail (cauda longa) ao otimizar o conteúdo. Ao mesmo tempo, pode ser útil antecipar possíveis perguntas do usuário que seu conteúdo responderá.

Ferramentas úteis estão aqui:

answererthepublic.com
Google Trends
Google Suggest
ubersuggest.io

7. Índice móvel do Google primeiro

Nos últimos dois anos, o Google mostrou que o foco está cada vez maior no celular. Isto não é surpreendente, uma vez que o número de usuários na Internet móvel aumentou significativamente e excede o número de usuários de desktop quando se trata de pesquisas na web. Por exemplo, a otimização para dispositivos móveis foi introduzida apenas como um fator de classificação em 2016. Em 2017, o Google finalmente divulgou anúncios de páginas para dispositivos móveis aceleradas e aprimorou sua atualização para dispositivos móveis. No verão de 2018, o "Mobile First Index" foi finalmente implementado. O Google prefere mostrar a versão de uma página no índice móvel no futuro, que é otimizada para dispositivos móveis.

Se você ainda não otimizou seu website para dispositivos móveis, deverá fazê-lo imediatamente.

8. Links continuam importantes

Todos os anos há chamadas alternadas que "SEO está morto" ou "Linkbuilding está morto". Mas, na verdade, ainda nos próximos anos, os backlinks continuarão a desempenhar um papel importante. Em 2018, Gary Illyes, do Google, disse em uma conferência que o bom e velho PageRank ainda é um importante sinal de classificação para o Google internamente. E o poder de link, ou autoridade, é alcançado por meio de backlinks.

Na verdade, os chamados "backlinks sem link" podem ter um papel ainda maior a partir de 2019. Essa consideração é baseada no fato de que o Google também pode considerar menções de sites ou marcas em outros sites, embora nenhum link direto se refira à página de destino.

Dica prática: Para SEO, você precisa entender que o link building por meio de portais de artigos de terceira e quarta classe ou guest posts desmotivados não funcionará mais. Em vez disso, você deve investir em conteúdo exclusivo que os usuários gostem de consumir ou compartilhar.

Você também deve ter cuidado com os guest posts em geral. Dois anos atrás, o Google alertou contra postagens de baixa qualidade desse tipo, então garanta que a qualidade está no ponto.

Uma regra simples que você também pode seguir ao criar links: a cada vez, pense se o link para sua página realmente oferece ao usuário um valor agregado.

9. Maior foco na pesquisa de imagens

O Google atualizou significativamente sua pesquisa de imagens em 2017. Muitos sites até tiveram que se debater com as perdas de tráfego porque os usuários não precisam mais sair do Google para visualizar imagens e clicar no caminho deles, como em uma galeria de fotos. Ao melhorar a pesquisa de imagens, o Google certamente respondeu a uma tendência.

Dica prática: O fato de os usuários estarem cada vez mais buscando imagens deve dar-lhe o incentivo para otimizar seu material visual. Tente usar fotos melhores do que seus concorrentes. Assim como no ano passado, você deve pensar holisticamente em termos de conteúdo. O conteúdo do seu site é uma interação harmoniosa de imagem, texto ou material de vídeo, que deve ser voltada para o valor agregado para o usuário e abordar um tópico da forma mais abrangente possível.

10. Rankbrain: aprendizado de máquina

Com o Rankbrain, o Google introduziu um novo algoritmo de autoaprendizagem em 2015. Desde então, a inteligência artificial (que ainda não foi totalmente desenvolvida) foi responsável por responder à consulta de pesquisa de tipo que nunca foi feita antes.

Aparentemente, isso constitui cerca de 15% das consultas de pesquisa diárias no Google.

Enquanto isso, o Rankbrain aprendeu muito mais e o Google é mais capaz de responder a questões complexas. Podemos, portanto, esperar que os mecanismos de busca se tornem ainda melhores em entender os seres humanos a partir de 2019.

Essa é uma boa notícia para todos que trabalham arduamente todos os dias para criar sites rápidos com ótimo conteúdo e valor agregado para os usuários!

Adicione marcações ao seu website para que o Google possa usar dados estruturados para rich snippets e você possa aumentar sua CTR em SERPs.

Crie um site tecnicamente perfeito que seja otimizado para dispositivos móveis e possa ser facilmente rastreado e indexado pelos mecanismos de pesquisa.

Tente fazer o seu site o mais rápido possível.

Concentre-se em otimizar seu conteúdo para dispositivos móveis.

Não pense principalmente em backlinks ao publicar conteúdo em outros sites.

Sempre tente satisfazer a necessidade do usuário no melhor de todos os sites mais bem classificados em um termo de pesquisa ou tópico.

Google Ads

A ferramenta de publicidade do Google, não ensinaremos como usá-la, mas te trouxe aqui as dicas valiosas, que irá te ajudar com o caso do Carlos.

A maioria dos anunciantes inteligentes do Google Ads está preocupada com duas coisas:

- O aumento da taxa de conversão
- Reduzir o custo por conversão

Todo o resto é secundário para esses dois objetivos principais. E até que sejam satisfatórios, nada mais realmente importa.

Para evitar o desperdício de tempo e dinheiro ao usar o Google Ads, preste atenção para os fatores que determinam o sucesso de longo prazo.

Os gastos com anúncios PPC aumentaram 21% no quarto trimestre de 2018 com relação ao ano anterior, e as empresas fazem uma média de US$ 18 para cada US$ 1 gasto em Google Ads.

No entanto, investir seu dinheiro sem resultados apropriados machuca profundamente seu negócio. É por isso que você tem que ser mais esperto com suas campanhas.

Profissionais de marketing inteligentes conseguem os melhores resultados com PPC.

Caso você seja cético com relação à usar o Google Ads, porque você está com medo de perder dinheiro, você pode se consolar com o fato:

Com base nos principais indicadores-chave de desempenho (KPIs) de marketing, o Google Ads ainda gera o maior ROI.

A Engenharia Reversa

A engenharia reversa é o processo de extração de conhecimento ou informações de design de qualquer coisa feita pelo homem e reproduzi-la com base na informação extraída. O processo envolve frequentemente desmontagem de algo (dispositivo mecânico, componentes electrônicos, programa de computador, ou biológico, químico ou matéria orgânica) e analisando os seus componentes e funcionamento em detalhes.

Como um novato, quando você encontrar um conceito particular, método ou estratégia que parece estar funcionando, não fique apenas animado com o resultado final. Em vez disso, você deve estudar o processo para que você possa implementá-lo.

Por exemplo, quando você entender como construir uma lista de 1.000 assinantes de e-mail em 30 dias, não importa qual mercado você está – você pode simplesmente replicar o que você já conhece e obter os mesmos resultados.

Para ser um anunciante inteligente em PPC, você tem que entender no que você está se envolvendo. Qualquer canal de marketing que envolve gastar uma quantidade significativa de tempo ou dinheiro, antes que os resultados possam ser alcançados, precisa ser estudado, dissecado e analisado.

E você deve começar pela engenharia reversa da jornada de compra. Isto significa simplesmente que você deve considerar o resultado final que você deseja, em seguida, escolher suas palavras-chave, escrever a copy do anúncio, e ajustar sua landing page para alcançar o objetivo final.

Ser capaz de entender como seus clientes estão comprando, lhe dará uma vantagem em suas campanhas dentro do Google Ads. Por exemplo, o que acontece quando um cliente visita o seu site ou loja pela primeira vez? Você tem um caminho claro para eles seguirem?

Há cinco fases gerais no seu funil ou ciclo de compras do cliente. Em cada etapa, o seu cliente possui perguntas diferentes. Assim, cada anúncio de busca ou de exibição, deve conter elementos que apelam para os clientes em cada fase do ciclo.

Consciência >> Consideração >> Interesse >> Preferência >> Compra

Assim, por exemplo, se os seus clientes não sabem ainda qual o produto que iria ajudá-los a "estabelecer um grande apoio ao cliente", seria ineficaz – se não completamente auto-destrutivo – incluir o nome do produto no título do anúncio.

Por outro lado, se sua marca é popular ou seu público-alvo já sabe como um sistema de help desk funciona, então não há problema em usar o nome do produto no título do anúncio.

A fim de motivar novos clientes e usuários a experimentar o seu novo software, não assuma que eles saibam o que seu produto faz. Você poderia lhes oferecer um desconto ou explicar o benefício do seu serviço, como no exemplo abaixo:

O objetivo de usar o método de engenharia reversa é converter seus visitantes em assinantes de e-mail, leads e clientes – mesmo se o objetivo principal deles não é clicar no seu anúncio.

Se os seus clientes já estão conscientes da solução que eles querem, mas ainda são muito céticos para comprar, recomendo que você use webinars sobre o produto, arquivos para download, estudos de caso, FAQs, análises de dados, vídeos de demonstração e testes gratuitos para PERSUADIR as pessoas a se inscreverem na sua lista e conhecerem sua marca.

Em seu painel de controle do Google Analytics, você pode usar a guia "Comportamentos", aquisição e conversão de fluxo, para entender melhor como as necessidades dos seus clientes potenciais podem mudar quando eles visitam seu site.

Na imagem acima, você pode ver que o número de novos visitantes excede o número de visitantes de retorno. Se o comportamento do seu público segue uma tendência semelhante, isso simplesmente sugere que a maioria de seus visitantes não conhecem sua marca ou produto antes de chegar ao seu site. Então, você tem que educá-los.

As necessidades do cliente podem mudar a qualquer momento. Por exemplo, um cliente potencial que nunca ouviu falar do seu produto pode clicar no anúncio e, em vez de apenas aprender sobre o seu produto, pode decidir ir em frente e comprá-lo.

Assim como você garante que seu funil atende a essas pessoas? Você vai enviar a eles o mesmo e-mail que todos os outros assinantes recebem?

Uma solução melhor é segmentar a sua lista, e só entregar e-mails direcionados.

Use Remarketing

O redirecionamento é a estratégia de anúncios de exibição mais eficaz de todas. Remarketing é uma forma eficaz de melhorar a sua CRO e ajuda a persuadir os visitantes indecisos para voltarem ao seu site.

Muitos anunciantes PPC nunca consideraram o uso de remarketing como uma ferramenta de otimização da taxa de conversão (CRO). Mas isso vai lhe poupar tempo e dinheiro também.

A maioria das pessoas não converte na primeira visita ao seu site. Na verdade, de acordo com Baymard, "70% dos compradores vão abandonar o carrinho de compras."

Quando você utiliza remarketing, você está simplesmente mostrando os mesmos anúncios várias vezes para as pessoas que viram mais cedo. Dessa forma, você pode trazê-los de volta para seu site e aumentar as chances de que eles cliquem nos seus anúncios e comprem o seu produto.

A conversão é geralmente elevada quando você está consistente com redirecionamento. Eu te aconselho a ser agressivo, uma vez que as pessoas que você está visando já demonstraram interesse em seu anúncio ou, pelo menos, visitaram o seu site antes.

Teste o seu Design de Landing Page

Se você estiver usando métodos grátis para direcionar o tráfego ou executando uma campanha de publicidade do Google Ads, você tem que fazer testes A/B nas suas páginas. De acordo com SEOGadget, 44% das empresas usam teste A/B. Mas deveria ser 100%.

A copy do anúncio controla sua taxa de cliques, enquanto sua página influencia sua taxa de conversão.

O **design** de sua landing page vai fazer toda a diferença na taxa de conversão da sua campanha. Um bom design converte 99% mais.

Você tem que decidir qual gerador de leads que você vai usar. Muitos profissionais de marketing acreditam que webinars geram mais leads, mas testes podem te mostrar que os **ebooks** renderiam mais leads para você.

Que tal, criar um livro de receitas do restaurante do Carlos, e distribuir em sua página?

Quando a taxa de conversão da sua landing page é alta, você pode maximizar seus cliques e tráfego. Ao invés de desperdiçar dinheiro com o Google Ads.

Diversas empresas se beneficiaram com suas landing pages. Até mesmo o presidente Obama arrecadou um adicional de **60 milhões de dólares** utilizando testes A/B na sua landing page.

Cada elemento em sua landing page pode e deve ser testado.Por exemplo, você pode testar o posicionamento do CTA, forma e cor.

Sugerido por um coach de Marketing Digital, usar os botões verdes ou laranjas convertem mais. Lógico fizemos um teste. Já que o coach havia nos orientado a tirar o botão azul.

O botão verde teve uma taxa de 38% de conversão, já o laranja 28% e o azul 32%.

Cada uma das alterações que fizer vai levar a uma melhoria da taxa de conversão, como no exemplo acima, ou uma redução. Portanto, não há uma cor certa ou errada, e definitivamente não há regras universais a seguir. Em vez disso, você deve testar e seguir com o que funciona melhor para você.

Alinhar o Texto do Anúncio Com Landing Pages

Se você quer que a copy do anúncio no Google Ads gere o máximo de cliques possível, você tem que alinhá-la com a sua landing page.

Em seu livro, *Liberte o Poder da Busca Paga*, a autora Melanie Mitchell diz que quando sua copy do anúncio se alinha com suas landing pages, seus cliques farão um impacto significativo, e melhorarão o índice de qualidade. Seis elementos, em particular, ajudam a aumentar seu índice de qualidade.

- **CRIATIVIDADE** em Titulo, textos e links.
- **CTR E BUSCAS** analise em termos de buscas e previsibilidade.
- **PALAVRAS-CHAVE** mensarar quais funcionam e quais não estão funcionando.
- **LANDING PAGE** o alinhamento da página com a publicidade no Google.
- **GRUPO DE ANÚNCIOS** a base do grupo de anuncios, tem que estar alinhada com todos os termos acima.

O índice de qualidade é importante, não só porque é um indicador-chave de desempenho da sua campanha de PPC passada, mas também porque é uma ótima maneira de prever o desempenho de suas campanhas futuras.

Um alto índice de qualidade significa que a copy do anúncio é relevante e atraente para o lead.

E o mais importante, uma alta pontuação no ìndice de qualidade, REDUZ custos com a publicidade e dá ao seus anúncios maior exposição, pois gera um melhor posicionamento dos anúncios nas redes.

Seu trabalho **é criar um caminho claro** para a venda. A copy da página deve espelhar a copy dos seus anúncios.

Por exemplo, se você está vendendo um produto físico, você poderia simplesmente enviar tráfego de cliques para a página do produto, para que possam comprá-lo. No caso do restaurante, pode ser a exibição do prato do dia, e que as pessoas possam comprar antecipadamente pelo website.

O título "Compre aqui seu almoço – Economize até 25% no Restaurante" é altamente relevante para a landing page.

A URL no anúncio também contém a palavra-chave "Restaurante", o que é ótimo para melhorar a taxa de cliques. Quando o anúncio da busca acima é clicado, o usuário é levado diretamente para o site do restaurante onde pode comprar o prato do dia, com desconto mencionado e a ir almoçar, já com a mesa reservada.

Outro aspecto do alinhamento é o tema da palavra-chave. Por exemplo, se você está anunciando no Google Ads para "ferramenta de monitoramento de mídia social", em seguida, sua landing page deve ser "monitoramento de mídia social".

Se você enviar cliques para uma landing page, por exemplo "dicas de marketing para mídia social," não vai ter alinhamento. Seu CPC (custo por clique) continuará aumentando porque o tráfego do clique (clientes potenciais) não irão para uma página que está alinhada com o anúncio.

No entanto, olhe além das palavras-chave, porque no marketing de busca de hoje, a *otimização para o usuário* é o foco. Você tem que dar a eles a devida atenção, porque o índice de qualidade mede a experiência do usuário na sua página.

A Optimizely conduziu um experimento para descobrir se e em que medida o alinhamento da copy da landing page e dos anúncios ajudam a melhorar a taxa de conversão.

Controle: No controle, eles usaram o mesmo título na landing page: "Teste-o gratuitamente." Eles foram enviados para a mesma landing page, não importando qual anúncio o usuário clicou.

Variação: Três páginas separadas foram criadas. Cada título da landing page era o mesmo da copy do anúncio. O objetivo era descobrir qual copy do anúncio teve desempenho tão bom quanto o resultado da landing page.

Então, por exemplo, se o usuário do Google ler o anúncio "Ferramenta de Teste A/B Número #1", em seguida, o título da sua landing page correspondente será "Ferramenta de Teste A/B Número #1." Se o usuário ler o anúncio "Ferramenta de Teste A/B Optimizely", então, assim será o título da landing page.

Qual foi o impacto sobre o funil? Bem, no final do experimento, o anúncio de busca que tinha o mesmo título e copy da landing page superou aqueles sem esse alinhamento. Na verdade, a equipe Optimizely viu um aumento de 39,1% nas conversões de visitantes para leads, na variação com a mesma mensagem.

Outra razão importante porque você precisa alinhar sempre a copy do anúncio com a sua landing page correspondente é o fato de que ela reduz a taxa de rejeição.

Não há nenhum outro caminho: Os clientes potenciais não vão converter se a experiência depois de clicar no seu anúncio não é relevante para eles.

Exemplo:

A landing page e a copy/título do anúncio não estão alinhados. Os títulos são bastante diferentes. Um diz "Construtor de Site Completo", enquanto a landing page diz "Crie sua história de sucesso com um site avançado." Os usuários podem até pensar que de alguma forma foram enviados para a página errada.

Criar uma ótima experiência de usuário enquanto eles estão na sua página, aumentará seu índice de qualidade, reduzirá o seu custo por conversão e aumentará sua receita.

Implementar as Melhores Práticas de Taxa de Cliques

O Google diz que, *"taxa de cliques é uma relação que mostra como muitas vezes as pessoas vêem e clicam nos seus anúncios."* Quanto mais as pessoas clicarem no anúncio e visitarem sua landing page, mais pessoas vão (espero) se converter em clientes. Portanto, a melhoria da taxa de cliques (CTR) do Ads é mais importante do que a criação de vários anúncios.

Há certas coisas que você deve fazer para que seus anúncios sejam clicados. Vamos rever algumas delas em um segundo.

De acordo com Larry Kim, para mercados competitivos, como marketing digital ou perda de peso, a média da taxa de cliques é de mais de 5%, especialmente quando os anúncios aparecem nas primeiras posições.

Aqui estão as estatísticas de taxas de clique para quatro diferentes mercados competitivos:

Finanças   - US$ 3,09 CPC   - 6,12% - CTR
Viagens   - US$ 0,69 CPC   - 1,45% - CTR
Vendas   - US$ 0,25 CPC   - 3,58% - CTR
Educação   - US$ 1,80 CPC   - 6,09% - CTR

De acordo com o Relatório de Impacto Econômico do Google, "empresas geram uma média de US$ 2 em receitas para cada US$ 1 que investem no AdWords."

Mas como você pode obter este tipo de resultado, se a sua taxa de cliques é baixa?

Você pode fazer mais dinheiro através da publicidade no Google AdWords, se você sabe o que está fazendo, mas *você também tem que saber distinguir entre anúncios de busca do Google e redes de exibição.* Uma

191

sólida compreensão dessa distinção vai ajudar a alinhar os seus anúncios e criar uma copy mais atraente e clicável para o seu público-alvo.

"Rede de busca" refere-se a plataforma de anúncios do Google, que exibe anúncios baseados em texto, acima e à direita dos resultados orgânicos, nas páginas de resultados do motor de busca (SERPs). A rede de exibição, por outro lado, oferece anúncios baseados em imagens, tais como banners, para os usuários.

É importante entender o que diferencia redes de busca e de exibição, porque as taxas de cliques variam muito de uma rede para a outra.
Algumas das melhores práticas de taxa de cliques que você pode implementar hoje para diminuir o seu custo por conversão e aumentar suas vendas, são:

I - Use capitalização de títulos na copy do anúncio: Em vez de usar todas as letras minúsculas, capitalize o seu título e sua taxa de cliques vai melhorar. Veja como a capitalização de títulos foi aplicada no segundo anúncio do AdWords abaixo:

II - Considere o funil de marketing: Você tem que direcionar as palavras corretas para ver os melhores resultados. Você tem que perguntar a si mesmo perguntas como "onde os membros do meu público-alvo estão no ciclo de compra?"

Se o seu público-alvo já sabe sobre o seu produto, não há necessidade de segmentar títulos de palavras-chave genéricas que dão uma visão geral ou introdução. É melhor para você para segmentar para palavras-chave que vão gerar renda.

Por exemplo, se seu público-alvo é composto por fotógrafos à procura de novos equipamentos, você pode segmentar palavras-chave que têm "intenção comercial", como "comprar câmeras digitais" ou "onde comprar câmera filmadora digital.
Você pode conseguir este nível de resultado através da adoção das melhores práticas de conversão da taxa de cliques (CTR), como a inserção de palavras-chave de marca que mostram intenção comercial e orientar para o público certo.
Seu CTR pode ser melhorado aprimorando a copy, título e colocação do anúncio. Em poucas palavras, as coisas que afetam o CTR estão diretamente ligados à copy do anúncio, enquanto as conversões estão ligadas à landing page.

III - Ser consciente do seu posicionamento de anúncio: Esta é a regra, pessoas clicam em anúncios do Google, não importa onde eles estão posicionados.

Veja bem, para palavras-chave com alta intenção comercial, quase 2/3 dos cliques vão para resultados patrocinados, e não orgânicos.

Se as palavras-chave da marca têm volumes de busca decentes, você pode querer criar uma campanha de Ads para elas também.

Os primeiros anúncios de busca irão gerar um CTR de até 36,40%, enquanto que um anúncio da busca abaixo da orgânica irá produzir um CTR de 19,50%.

Naturalmente, as pessoas que estão procurando por suas palavras-chave de marca (por exemplo, *"Site Expressos da Agência Zero7"*) estão dispostas a comprar ou pelo menos testar a utilização. Palavras-chave que não são da marca também vão gerar maior taxa de cliques quando forem altamente segmentadas. O mesmo para o restaurante, se as pessoas buscarem diretamente pelo seu nome, o anúncio terá uma alta taxa de cliques, bem como de conversão.

Os resultados patrocinados são responsáveis por 64,6% dos cliques, para palavras-chave de boa ou alta intenção comercial.

Não confie apenas na intuição ou suposições quando se trata da posição certa para seus anúncios. Você tem que testá-lo. Passe algum tempo avaliando o ROI de suas campanhas.

A frequência dos anúncios também é importante.

Quanto mais vezes as pessoas vêem os anúncios, mais provável que elas irão clicar neles.

A uma ligação entre a posição do anúncio e sua performance, anúncios que são exibidos mais de 7 vezes a um usuário, são 12 vezes mais eficazes do que os anúncios com menor frequencia.

IV - Teste diferentes tipos de correspondência: É mais fácil melhorar o CTR do seu anúncio quando você testa diferentes tipos de palavras-chave de correspondência. Por exemplo, palavras-chave e frases-chave de correspondência exata dão a você uma posição de liderança para seus anúncios.

Com os tipos de palavras-chave de correspondência ampla, você vai chegar a mais pessoas do que com as frases-chave e palavras-chave de correspondência exata.

No entanto, a sua taxa de cliques será menor, porque a qualidade dos anúncios (no que se refere às palavras-chave) não estão intimamente ligadas com a intenção exata do usuário.

Portanto, a melhor abordagem é testar diferentes tipos de correspondência para as suas palavras-chave.

Ache um equilíbrio entre estes dois tipos de correspondência nas suas campanhas. Isso é uma boa maneira de aumentar a receita da empresa.

Agrupar e Organizar Suas Palavras-Chave

Pode parecer uma tarefa difícil organizar suas campanhas de PPC do Google AdWords. Mas é uma necessidade, se você quiser aumentar suas chances de conseguir uma melhor taxa de conversão.

Da mesma forma, o agrupamento palavras-chave é uma tarefa importante por muitas razões:

- Aumenta o CTR;

- Maior Conversão;
- Alta Relevancia;
- Baixo Custo por Clique;
- Estes fatores juntos para Maximizar a buscas por ROI.

Aqui estão algumas das coisas que você pode fazer para agrupar e organizar efetivamente suas palavras-chave:

a) Estrutura eficaz: Pense em uma estrutura eficaz na hora de organizar suas campanhas de PPC. Em primeiro lugar, as campanhas têm certas características, como a estratégia de orçamento e licitação (por exemplo, custo por conversão), pela qual você pode classificá-las.
A campanha também pode ser rastreada por onde seus anúncios serão veiculados nas redes de exibição ou de busca.

Então, e sobre os grupos de anúncios? Pense neles como recipientes para suas campanhas. Em outras palavras, suas campanhas devem ser organizadas e armazenadas em grupos prontos para serem lançados.

Seu grupo de anúncios gerencia seus anúncios e palavras-chave relacionadas.

As palavras-chave que são organizadas em cada grupo de anúncios devem ser todas relevantes para as outras, e os anúncios também devem estar intimamente relacionados com as palavras-chave.

Finalmente, deve haver alguma congruência entre a landing page e ambos os anúncios e as palavras-chave que você está visando.

b) Apontar para pequenos grupos de anúncios: Certifique-se de que os seus grupos de anúncios são pequenos e direcionados.

Cada um dos seus grupos de anúncios deve ser focado em um determinado produto, oferta, modelo ou serviço – por exemplo, um grupo de anúncios para o restaurante ofertando o prato do dia, e outro grupo para os frutos do mar.

Grupos de anúncios menores provavelmente vão resultar numa lista de palavras-chave mais relevantes para cada grupo de anúncios.

Isso faz com que seja mais fácil desenvolver os anúncios certos para cada grupo de anúncios. É mais fácil acompanhar os resultados para um pequeno grupo de anúncios, do que um grande. No entanto, certifique-se de que você tem pelo menos 3 anúncios em cada grupo de anúncios, o próprio sistema do Google Ads atualmente, já lhe sugere fazer os 3 anúncios no grupo.

A REGRA É: Cada produto, num grupo de anúncios.

E é por isso que é importante criar grupos de anúncios que são fortemente focados em um determinado produto ou lista de palavras-chave – isso aumenta o CTR, e você pode facilmente acompanhar o desempenho de palavras-chave e outras métricas.

Aqui está um exemplo de um pequeno grupo de anúncios que está focado em palavras-chave que estão intimamente relacionadas.

c) Experimentos com diferentes variações de anúncios: É importante criar diferentes variações de anúncios durante a configuração, estas variações revelam a melhor abordagem para o seu posicionamento. O simples fato de, as vezes, a colocação de Extensão de Anúncio, pode aumentar o Índice, e dessa forma, subir seu anúncio, na hora do leilão.

Estas variações acabam por revelar a melhor abordagem para o seu posicionamento de anúncio e rastreio de conversão.

Claro, se você quiser ver as suas conversões, você pode simplesmente clicar na guia conversões na aba "ferramentas e análise" do seu painel de controle do Google Ads.

Integre Palavras-Chave Negativas

Cada vez que você estiver executando um anúncio do Google para a rede de busca, você tem que reconhecer que a maioria das consultas de busca não serão relevantes para a sua oferta. Para isso existem as palavras-chave negativas.

Exemplo:

SUA PALAVRA-CHAVE: Prato do Dia
NO SEU ANÚNCIO: Prato do Dia - Alaminuta.
NA BUSCA DO USUÁRIO: Receita do Prato do Dia

Logo, a palavra-chave "prato do dia" vai ser acionada, e seu anúncio vai ser exibido para este usuário.

Palavras-chave negativas excluem que certos termos de busca acionem a exibição do seu anúncio, são um maneira inteligente de aumentar a sua taxa de conversão de anúncios e ajudar a superar este desafio.

Os Especialistas de Restauração de Emergência (ERS) integraram palavras-chave negativas nas suas campanhas do AdWords e no prazo de 3 meses, eles haviam gerado mais leads do que podiam suportar.
Eles até mesmo tiveram que pausar os anúncios, porque eles estavam com as mãos cheias de novos negócios de clientes-alvo.

Vários estudos de casos e depoimentos provam que o uso de palavras-chave negativas é realmente um passo inteligente para aumentar a sua taxa de conversão e aumentar a receita.

Abaixo uma lista de algumas das palavras-chave negativas para incluir em sua campanha, já de saida.

Grátis - barato - nua - pelada - torrentes - Youtube - sexo - ebay - pornô - torrente.

Por exemplo, se você está vendendo sapatos de corrida da Nike, você quer que os visitantes cliquem no seu anúncio, visitem a sua landing page ou loja, e – acima de tudo – comprem um par (ao menos).

Você certamente não quer que as pessoas procurando por "tênis Nike grátis" visitem sua loja – porque é óbvio que elas não querem comprar de você.

Assim, quando integrar as palavras-chave, adicione palavras-chave negativas para impedir que seu anúncio de busca mostre aos usuários que provavelmente não irão converter. Para fazer isso, siga os passos abaixo:

Passo um: Entre na sua conta do Google Ads. Clique na guia "Campanhas", em seguida, clique no sinal [+] ao lado da aba "Nova lista de palavras-chave negativas".

Passo dois: Adicione suas palavras-chave negativas no espaço fornecido.

Voltando ao exemplo anterior, se você adicionar "receita" como palavra-chave negativa ao grupo de anúncios ou campanha para o anúncio do restaurante, seus anúncios de busca não irão aparecer quando as pessoas procurarem por sua palavra-chave do produto/alvo junto com a palavra "receita."

Mas palavras-chave negativas não se aplicam apenas a rede de anúncios de busca. Elas também se aplicam aos anúncios nas redes de exibição.

Estes anúncios na rede de exibição, também não aparecerão.

Muitas empresas, profissionais de marketing e marketing digital estão se beneficiando do uso de palavras-chave negativas. Por exemplo, recentemente, a Agência Zero7 ajudou uma empresa de produtos de saúde a integrar palavras-chave negativas na sua campanha, aumentando o taxa de cliques de 0,67% para 1,33% e a taxa de conversão de 1,12% para 2,93%.

Então, basicamente, você se beneficia de palavras-chave negativas de três maneiras:

AUMENTO DA CTR	REDUÇÃO DO CPC	AUMENTO DO ROI

Por exemplo, uma empresa que vende guarda-chuvas super estilizados, tinha um desafio com a conversão de pessoas que visitam o seu site. Era necessário melhorar o ROI, porque as pessoas estavam vindo para o site, mas não estavam comprando nada. Foi só integrar palavras-chave negativas nas suas campanhas, que o gasto com anúncios diminuiu, e aumentou o ROI. Também foi reduzido o número de visitantes no site, até porque a quantidade não é necessariamente importante quando você está executando uma campanha de anúncios paga.

Mas sim a qualidade do tráfego. O que realmente importa é visitantes que tenham interesse em comprar, e não um visitante que só está olhando o site, e não teve nenhum interesse de compra.

Use Uma Abordagem Focada no Cliente

Nas Redes de Exibição do Google, você pode facilmente adicionar o público-alvo aos seus grupos de anúncios. Você não deve atingir a todos.

Estatísticas recentes descobriram que as Redes de Exibição do Google chegam a mais de 80% dos usuários de internet. Imagine receber uma pequena porcentagem desse enorme tráfego para seu site, especialmente quando eles são seus clientes ideais.

Em marketing de conteúdo, a regra nº 1 é conhecer seus clientes ideais e criar conteúdo em torno de seus desejos, necessidades e dificuldades. Mas isso a gente já sabe.

Think With Google compartilhou um estudo de caso sobre como o AirBnB utilizou redes de exibição do Google para expandir seu alcance, tornando-se uma marca internacional. Eles destinaram a clientes que viajam a negócios e lazer.

Antes de lançar a campanha de anúncios, também foram implementadas palavras-chave negativas para orientar as pessoas que não estão interessadas no serviço. Esta é uma ótima maneira de aumentar a taxa de conversão nas redes de exibição.

Você deve atingir um público com base em seus principais interesses e dados demográficos. Esses dois fatores definem quem é alguém e sua visão de mundo. Se você estiver indo executar anúncios nas Redes de Exibição do Google, entenda que você precisa de 3 elementos para garantir o seu sucesso. Os seus anúncios precisam ter a mensagem certa, chegar à pessoa certa e no momento certo. Aqui vale a máxima, estar no lugar certo na hora certa.

A Zero7, uma empresa de marketing digital, sempre esteve na frente ao ajudar seus clientes a expandir anúncios PPC para as redes de exibição. Depois de atingir um tremendo sucesso com vários clientes.

Eis o segredo mais bem guardado da AZ7.

O Google Display pode ser uma maneira valiosa de aumentar o volume de conversões segmentando clientes que não estão procurando diretamente por seu serviço.

A segmentação por tópicos do Google é uma maneira forte e flexível de segmentar clientes em potencial que talvez não conheçam sua empresa. As campanhas de remarketing são uma ótima maneira de se engajar com os clientes que acessaram seu site e não produziram leads.

Em combinação, essas campanhas da Rede de Display ajudam a produzir mais leads, resultando em mais vendas.

Conclusão

O **Google Ads** é uma forma eficaz de obter tráfego para seu site de forma mais rápida. Se você não tem uma base sólida para esperar que suas páginas comecem a gerar leads orgânicos, você pode configurar um anúncio de PPC do Google Ads e usá-lo para gerar leads de qualidade para o seu negócio.

Embora existam muitos indicadores que podem ser monitorados para avaliar a eficácia de suas campanhas, a taxa de conversão continua a ser o mais importante. Ela afeta não só a copy do anúncio, mas a landing page também.

Lembre-se que a criação de anúncios para ambas as redes de busca e de exibição é importante, porque ambos têm finalidades diferentes. Um não é melhor do que o outro. Seus objetivos devem definir qual é o método mais provável para produzir o resultado desejado.

As redes de busca são para resultados de resposta direta, enquanto que os anúncios da rede de exibição são mais ou menos para a construção da marca. Quando você usa redes de exibição, você precisa localizar *os compradores no mercado,* pois isso vai levar a uma maior taxa de cliques para os seus anúncios.

CAPITULO VIII
O TRIUNFO DE CARLOS

Ao entrar hoje pela manhã, e ver Carlos esperando na minha sala. Deu uma certa tremida nas pernas, não sabia o que ele fazia ali, sentado tomando um dos nossos maravilhosos cappuccinos, ao mesmo tempo que folhava um livro sobre minha mesa.

Cumprimentei meus colaboradores, com um belo sorriso, caminhando lentamente para a sala.

Eu ainda não estava confiante, não sabia o que pensar, pensei comigo, ele está lendo o livro que comprei para ajudá-lo. Parece que ele me pegou no pulo. Naquele instante, gelei. Estava sofrendo da Síndrome do Impostor.

Porém a reação dele quando entrei na sala, foi de uma sorriso gigante, e um forte abraço em comemoração. Ele deixou o seu local de trabalho, para pessoalmente me agradecer pelo sucesso do negócio dele. E, a sua dúvida estava respondida. O que eu havia feito para tornar o negócio dele visível. Descobri o que iria perguntar, quando ao sair, apertou minha mão e disse:

- Eu gostei de saber, que você buscou estudar para resolver meu caso, baixando os olhos para o livro. Podemos expandir para o mundo?

PS.:

Este livro será constantemente atualizado, sempre trazendo as boas e novas práticas, se você adquiriu este livro e ele não está atualizado, por gentileza mande-nos um e-mail, teremos o maior prazer em enviar uma cópia mais atual.

contato@agencia07.com.br